여보,
일주일만
산티아고
다녀올게

여보,
일주일만
산티아고
다녀올게

걸어야 보이는 것들

최일권 에세이

추천사

이미 출판된 많은 여행기 중 하나겠거니 했는데, 막상 삶의 의미에 대한 작가의 치열한 탐색에 함께 몰입하게 되면서 책장 넘기기를 멈출 수가 없었다. 아마도 작가는 사색과 성찰의 순례길을 다녀온 것이리라. 18개의 질문을 통해 작가 자신과 친구들의 고민을 해결해 보려는 신선한 시도가 책 읽기의 흥미를 한층 더 높여주었다. 걷기를 지독하게도 싫어하는 나 같은 사람에게도 "부엔까미노."를 버킷 리스트에 올리지 않을 수 없게 만들어 준 영감으로 가득한 책이다. 걸으면서 비로소 보게 된 삶의 의미를 보편적 공감의 차원으로 승화시킨 작가의 도전과 통찰에 경의를 표하며, 인생의 순례길을 걷고 있는 모든 분께 없어서는 안 될 표지석이 될 것으로 믿는다.

이영훈(전 포스코건설 사장)

저자는 전 세계에서 가장 유명한 길을 전 세계인이 외면하는 비수기에 간 괴인이다. 이 시기에 무모한 결심을 하고 떠났다는 건, 5일만 걸어도 30일과 똑같이 지쳤을 게 분명했다. 1만km나 날아가 당나귀와 대화를 시도했으니 정신줄이 오락가락했던 것도 짐작할 수 있다. 그래서인지 최근 읽은 책 중 펼쳤다 덮기를 가장 많이 반복했다. 일화마다 책을 덮고 '낯선 길에서 나라면 어땠을까?'를 상상하게 만들어서다. 책을 완전히 덮은 지금도 상상이 멈추지 않는다. 그의 등 시린 고생이 나의 낭만처럼 그리워지기까지 한다.

여행작가 박건우(미니멀유목민)

이 책은 바쁜 일상 속에서 한 달의 시간을 내기 어려운 이들에게, 짧은 시간만으로도 산티아고 순례길에서 충분히 의미 있는 경험을 할 수 있다는 희망을 전해줍니다. 또한 저자는 우리에게 작은 도전이 큰 변화를 가져올 수 있음도 보여줍니다. 그의 진솔한 이야기를 통해 주저하는 모든 분들이 '나도 해낼 수 있다'라는 용기를 얻을 수 있을 것입니다. 부엔 까미노! 살아가는 동안 한 번은 그 길에 꼭 한번 올라보시길 바랍니다.

도화 김소영 작가

Prologue

산티아고 순례길은 항상 내 버킷 리스트 맨 위에 있었다. 800km 라는 광활한 대자연에서 스스로의 힘으로 느끼고 심취해 가며 걸을 수 있다는 건 정말 멋진 일이기에 순례길은 언제나 꿈 같은 곳이었다. 하지만 그 꿈을 실현할 시간은 단 한 번도 찾아오지 않았다. 시간이 없었던 걸까? 아니면 시간을 내어줄 용기가 없었던 걸까?

핑계를 대자면, 직장인의 일주일 휴가로는 순례길 풀코스를 걸을 수 없었고, 한 달 휴가를 내기엔 퇴사할 각오도 없었다. 그래서 순례길은 '퇴사하면 갈 수 있는 곳'으로 내 버킷 리스트에서 점점 희미해지기 시작했다. 아니 어쩌면 버킷 리스트 자체가 내게서 희미해지고 있는 게 아닐까 싶다.

용기를 내지 못한 이유를 곱씹어 보니, 스스로 한계를 만들어 그 안에서만 핑계 대며 맴돌고 있었던 것 같다. 그런 스스로가 답답해 자기 계발 모임, 코치 자격증, 경매 등 사방팔방 점을 찍고 다녔었고, 〈유 퀴즈 온 더 블럭〉을 보면서 나도 저들처럼 열심히 살아야겠다고 다짐하며 살았건만, 다음 날이면 원래대로 되돌아오는 오뚜기 같은 사람이 돼버렸다. 늘 제자리걸음일 뿐이다.

용기와 도전. 어쩌면 스스로 선택하여 도전해 본 것이 있었나 의구심까지 든다. 수능 보는 것도, 대학교를 선택하는 것도, 운이 좋게 인턴으로 시작해 지금까지 달려온 회사도 그저 물 흐르는 대로 그때의 필요성에 따라 행동할 뿐, 혼자 힘으로 쟁취했다고 자부할 만한 게 없었다. 아내와의 아름다운 결혼도 '함께'의 시간과 서로의 사랑으로 이루어진 것이니, 정말이지 나 홀로 선택한 도전은 없었던 것 같다. 도전과 쟁취가 없으니 당연히 내 그릇은 작을 수밖에.

아내와 연애 시절 잠시 주차장으로 나와보라는 말에 생각 없이 터벅터벅 주차장으로 나갔다가 자동차를 샀다며 자랑하는 아내의 모습에 깜짝 놀란 적이 있다. 브랜드가 무엇인지는 전혀 중요치 않았다. "이렇게 큰돈을 쓸 수 있다고? 자동차를 이렇게 쉽게 살 수 있다고?? 내 돈 주고 살 수 있던 건 고작해야 100만 원짜리 핸드폰이 단데…. 이 큰돈을 쓸 수 있는 대범함과 용기는 무엇일까?" 신선한 충격과 자괴감이 동시에 쏟아져 한동안 우울감에 빠졌던 적이 있었다.

사실 지금껏 용기를 내지 못했다고, 그릇이 작다고, 사는 데 불편함은 딱히 없던 것 같다. 나는 나만의 경계를 지키며 살아가고 있으니 그 이상만 가지 않으면 충분히 살만하고, 행복했기 때문이다. 하지만 나이가 들수록 못 해본 경험들이 너무 많고, 그로 인해 도전하는 것마다 쭈뼛거리기 일쑤였다. 또한, 한계 앞에서 눈감게 되는 나를 발견하고 한심스러워지기까지 했다.

나는 왜 이리 평범한 일상에 갇혀 살았던 걸까?
꼬리에 꼬리를 타고 되물어 보니, 초등 1학년 온 가족이 대만에 살았던 시절까지 떠오른다. 내 또래 남자아이 5명이 함께했던 아버지 직장 동료 가족들과의 여행길이었다. 드라이브 중 잠시 쉬자며 세운 길목엔 경사진 곳을 넘어 푸르른 잔디가 펼쳐져 있었다. 뛰어다니는 게 당연한 남자아이들은 우다다다 잔디로 뛰어들었는데 그 순간 턱 하니 내 손을 잡아챈 사람이 있었다. "경사져서 위험해 넌 안 돼! 옆에 딱 붙어 있어." 아버지였다. 무서웠던 아버지 손을 뿌리치지 못하고, 멀뚱히 신나게 뛰어노는 아이들만을 바라볼 뿐이었다. 그때의 기억이 이리도 뚜렷한 걸 보니, 아마도 그때부터였을 것이다. 나서기보단 얌전히 혼자 놀기 좋아하고, 대들기보단 순응하며 살아왔던 삶이 연속되어 지금의 내가 된 것 같다. 그래서 용기와 도전이 어색한 것이 당연했던 걸까. 내 스스로에게 답답함을 넘어 괜스레 아버지가 미워지기까지 했다.

이제는 더 이상 평범함에서 머물고 싶지 않다. 곧 마흔이 다 되어 가는 나이지만 지금이라도 오롯한 내가 나로서 살아가고 싶어졌다. 그래서 큰맘 먹고 질러버렸다.

"저 이 주일 휴가 내겠습니다."

"어디 가게??"

"산티아고 순례길 가려고요."

"와이프는?"

"혼자 가요. 저를 위한 시간을 갖고 싶어서요."

안락한 공간에서 활짝 대문을 열어주니, 쭈뼛거리며 서성대기는 하지만, 두근거리기도 하고, 의구심이 들기도 한다. 떨렸다가, 두려웠다가 아주 짜릿하면서 이미 모든 걸 다 가진 것만 같은 묘한 기분도 솟구치기 시작했다.

"아 이것이 도전이구나!!"

이 책은 나이 마흔이 다 돼가는 어린아이가 순례길을 걸으며 자신을 위한 첫 번째 도전을 하는 과정을 담고 있다. 첫 번째 길은 새벽녘의 감성처럼 모든 게 신비로웠고, 두 번째 길은 아침 햇살처럼 생기발랄한 자연과 동물들의 건강함에 반짝였다. 세 번째 길은 처절한 비련의 주인공이 된 것만 같이 아주 고약하게 나를 괴롭혔고, 네 번째 길은 비 온 뒤 더 찬란하고 신비로운 자연 그대로의 모습을 선사해 줬다. 마지막 길에야 비로소 오롯한 나를 만나게 해준 순례길 100km의 이야기이다.

이 책의 여정 동안 함께 순례길을 걸었으면 좋겠다. 다양한 경험을 만끽하며 스스로가 만들었지만 알지 못하는 그런 안락한 공간에서, 잠시나마 한 발짝 나아갈 용기를 내길 바라는 마음으로 이 책을 썼다. 그러니 이제 신발을 동여매고 가져가야 할 최소한의 짐만을 짊어지고 함께 걸어보자.

부엔까미노, 좋은 길 되세요.
최일권 드림

목차

추천사
Prologue

• 1장 •
순례길 입장

준비	18
D-2&1	23

• 2장 •
Day 01

첫발	32
그래서 갈까 말까	37
새로운 아지트	42
알베르게	48
걷다 보면 만나는 것들	54
Portomarin	61
음식의 저주	72

• 3장 •
Day 02

새벽에 보낸 메시지	80
내가 만난 건 귀신일까?	83
당신은 해낼 수 있는 사람입니다	89
표지석	96
씨 셀 씨 셀; 음식과의 전쟁	102
고된 하루의 끝	107

· 4장 ·

Day 03

비 오는 거리 ················ 116
고민의 재정의 ················ 121
길을 잃다 ················ 126
많은 경험이 나의 자산 ················ 133
좋아하는 것과 잘하는 것 ················ 139
잠시 머물다 간 메르데 ················ 144
브라보 ················ 151
Arzua ················ 157

· 5장 ·

Day 04

아파서 보이는 것 ················ 166
끈기와 인내 ················ 174
침낭 ················ 180
부엔까미노 01 ················ 185
해가 뜬다 ················ 194
O Pedrouzo; 1일 1빨래의 여정 ················ 200

· 6장 ·

Day 05

삼촌은 왜 걸어? ················ 208
함께 걷는 순례자 ················ 212
5유로의 행복 ················ 219
부엔까미노 02 ················ 224
끝이다 끝 ················ 228

Epilogue

French Route

Saint Jean Pied de Port → Camino de Santiago

Distance : 773.1km
Stages on foot : 33 days

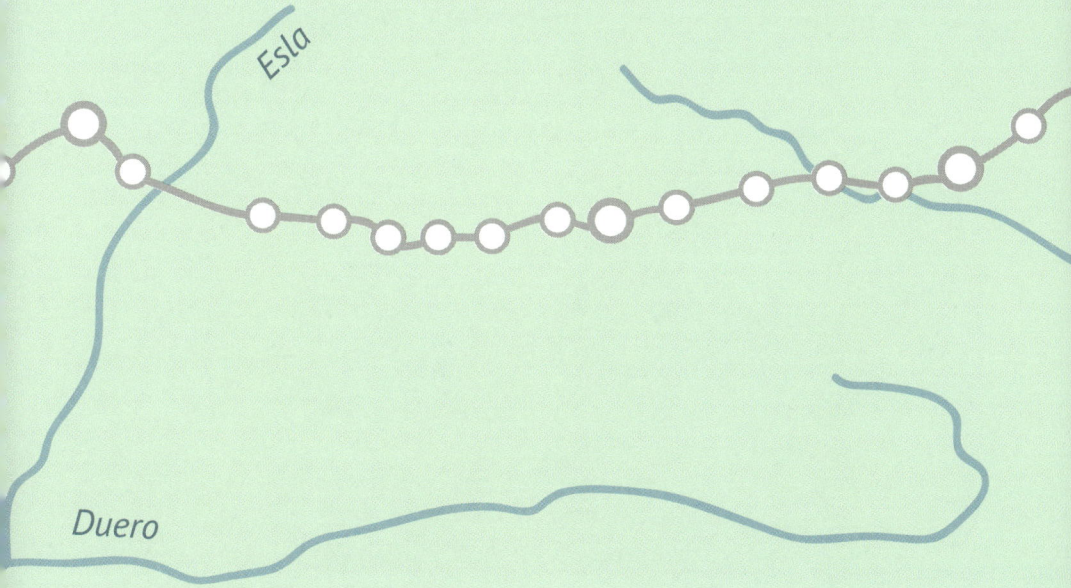

1장
순례길 입장

- 준비
- D-2&1

준비

 순례길 하면 가장 먼저 떠오르는 건 단연코 '산티아고에 뭘 들고 가지?'이다. 유튜브에 순례길을 검색해 보면 첫 번째로 나오는 것이 '순례길 배낭 준비'인 걸 보면, 배낭 준비야말로 순례자의 첫 관문임이 틀림없다. "둘레길 걷는다고 생각하고 운동화에 스포츠 의류 1벌 정도면 되지 않을까?" 없으면 없는 대로 딱히 불편함을 못 느끼는 나조차도 배낭 준비에만 한 달여를 투자했다.

 유튜버 '미니멀유목민' 님처럼 슬리퍼에 에코백만 들고 갈까, 아니면 샌들에 가방 없이 극한으로 도전해 볼까. 다양한 사례들 사이에서 어디까지 수긍하고 무엇을 버려야 할지 쉼 없이 고민했다. 사실 중요하지 않은 준비물이 어디 있겠냐마는, 이번 순례길의 주제가 '나와 대화하고 사색하기'였기 때문에 준비물 하나하나에 자문자답하며 꽤 심도 있게 준비해 나간 것 같다.

침낭, 스포츠 의류 반팔 2벌, 긴팔 1벌, 바람막이, 우비, 스포츠 의류 긴바지 2벌, 트레이닝복 1벌, 트레킹화, 크록스, 기능성 양말 2켤레, 세안 도구, 비상약, 아이패드, 충전기, 보조 가방, 랜턴, 자물쇠, 등 하나씩 체크하며 준비해 갔다.

다른 것보다 침낭이 꽤 자리를 차지해서 혹시 모를 여유 공간까지 생각해 40리터 배낭에 차곡차곡 담아냈더니 7.5kg의 배낭이 완성되었다. 생각보다 꽤 묵직하다. 이걸 메고 걸을 수 있을까 싶어, 머리부터 발끝까지 순례길 복장에 배낭을 메고 동네 5km를 걸어보았다. 순례길 하루 코스 20km를 잘 걷기 위해, 한 달 전부터 주말마다 물 한 병에 초코바를 들고 15km씩 걸어 다녔는데, 이렇게 배낭 메고 걷는 건 또 다른 느낌으로 다가왔다.

"꽤 무겁네…. 이 상태로 20km를 걷는다는 거지?"
어깨끈이 잘 메어져 있는지, 허리 밴드는 더 올려야 할지, 손은 자유로운지, 신발은 미끄럽지 않은지 이리저리 신경 쓰다 보니 정말 순례길을 걷는 것처럼 마음이 두근거리기 시작했다. 새벽 12시에 나타난 요상한 복장의 낄낄거리는 남자 때문에 흠칫 놀라셨을 주민분들께는 죄송하지만, 묵직한 배낭 덕분에 나의 마음은 이미 순례길이 시작된 것만 같아 웃음을 참을 수 없었다.

그렇게 한동안 걷다 보니 신기하게도 잡생각이 나지 않았다. 아니, 어쩌면 생각하고 있다는 생각도 들지 않게 무념무상의 상태가 되어 갔다. 그저 가방의 묵직함과 시원한 새벽 공기만이 느껴질 뿐이었다. 순간 주변의 적막함이 느껴졌다. 덩달아 내 머릿속도 적막해졌다는 걸 깨달았다. "순례길에선 무슨 생각을 해볼까? 사색하겠다고 순례길을 선택했는데 무슨 주제를 생각해야 하지?" 내 머릿속은 여전히 적막하다. 마치 새하얀 종이처럼 아무것도 생각나지 않고, 단기 기억 상실증처럼 생각이 꼬리를 물지 못하고 획획 단발성으로 왔다가 사라진다. "아, 정말 한동안 진득하니 생각이란 걸 해본 적 없구나." 지금도 글을 쓰다가 잠시 고개를 들면 생각이 끊기고 딴생각으로 빠져든다. 언제부터 이렇게 생각이 힘들어진 걸까.

생각의 끝을 끌고 갈 수 있는 힘을 기르고 싶다는 절박함이 생겼다. 오랫동안 생각할 수 있는 힘. 한 가지에 푹 빠져 몰입할 수 있는 힘. 생각의 꾸준함이 절실히 필요했다. 그래도 이렇게 걷다 보니, 생각에서 생각으로 넘어가며 각오까지 다잡고 있는 날 발견하니 무척 반가웠다.

짧다면 짧은 5일 동안 난 어떤 생각을 할 수 있을까? 깨우침이라고 하기엔 너무 거창하지만, 그럼에도 나와의 대화를 위해 어떤 질문과 고민들을 들고 가야 할지 궁금해지기 시작했다. 문득 친구들의 고민은 무엇일까 궁금해졌다. 자신만의 가치관과 철학으로 제각각 다른 고민일 테지만, 결국 사람이라는 하나의 중심으로 관통

될 테니, 친구들의 생각과 고민이 날 도와줄 수 있지 않을까 싶었다. '뭐 해 먹고 살아야 하나, 나는 잘살고 있는 걸까? 부자가 되려면 어떻게 해야 할까? 잘하는 일과 좋아하는 일 중 무엇을 선택해야 할까?' 아마도 누구나 한 번쯤 생각해 본 고민일 것이다. 간절함이 가득한 우리 모두의 공통된 고민 말이다.

순례길을 걸으며 친구들의 고민을 생각해 본다면 조금이나마 그들의 무게를 덜어줄 수 있지 않을까 싶었다. 그래서 멀리서나마 산티아고를 함께 걷고 있다고 생각하며, 내게 묻고 싶은 궁금증과 평소 간절히 해결하고 싶은 고민들을 물었다. 각자의 철학이 흠씬 묻어나 놀라웠고, 진지했으며, 그 고민의 무게가 얼마나 무거웠는지 안쓰럽기까지 했다. 얼마나 힘들었을까? 얼마나 간절했을까? 친구들 덕분에 내 마음도 묵직하니 진심을 다할 수 있게 되었다.

그렇게 7.5kg의 배낭과 헤아릴 수 없는 무게의 고민들을 함께 짊어지고 순례길을 떠날 준비가 됐다.

7.5kg의 배낭 그리고 헤아릴 수 없는 무게의 고민들과 함께

D-2&1

"여보 나 잘 갔다 올 수 있겠지? 입국 심사에서 안 붙잡히겠지? 물건 누가 훔쳐 가면 어떻게 하지??"

나 홀로 가는 첫 해외여행 길 앞에서 난 그저 모든 것이 무서운 꼬맹이가 되었다. 아내는 내 모습이 "물건 훔쳐 가면 어쩔 수 없는 거지, 뭐."라는 본인의 말에 정색하며 "내가 지금 안 그렇게 되려고 얼마나 신경 쓰고 있는데 어떻게 그렇게 말할 수 있어!"라고 성질 부리는 '걱정 인형'이 따로 없었다고 한다. 무슨 일이 일어나도 이제는 어떠한 도움 없이 혼자 생각하고 판단해야 하기에, 그 모든 것에 괜스레 겁이 난 것이 분명하다. 그렇다고 슬퍼하지만은 않았다. 여행 동안의 일을 책으로 써 내려가고 싶은 묵직한 책임감과 새로운 장소에 대한 두근거림도 들었기에, 말로 표현 못 할 묘한 기분이 공존했다.

내 인생 첫 도전을 맞이하는 마음은 비장하면서도 경건하고 진중하면서도 쿵쾅거리고 순수하면서도 익사이팅했다. '처음 맛보는 신비로움'이랄까. 감정의 소용돌이가 기분 좋게 일어나고 있었다. 그렇게 즐거웠던 감정들은 아주 철저하게 사육당한 14시간 30분의 비행을 끝으로, 긴장감으로 바뀌어 버렸다. 이젠 정신 단단히 차려야 한다.

바르셀로나 공항에서 세르카니아스 저속 열차를 타기 위해 '매트로'로 가야 하는데 아무리 공항을 휘젓고 다녀도 매트로의 'M' 자도 보이지 않는 것이다. 알고 보니 매트로가 있는 T4로 가기 위해선, 공항버스를 타야 하는데 난 그것도 모르고 엉뚱한 공항만 뛰어다녔던 것이다. 더워서 나는 땀인지, 긴장해서 나는 식은땀인지, 등이 흥건해져 버렸다.

겨우 공항버스를 타야 한다는 걸 알게 되어, 매트로를 찾아갔지만 세르카니아스는 쉽게 탈 수 없었다. 분명 '렌페'라는 고속 열차 예약표 QR코드를 찍으면, 세르카니아스를 무료로 탈 수 있다고 해서 당당히 찾아갔는데, 당일 렌페 승객만이 무료로 이용할 수 있다는 것이었다. 이 또한 QR코드가 인식되지 않아 동공이 흔들릴 정도로 당황하다, 용기 내어 역무실에 찾아가서야 알게 된 사실이다.

그럼, 매트로는 잘 탔을까? 종점을 한 번 찍고 나서야 이 방향이 반대 방향이라는 사실을 깨달았다. 참으로 익사이팅한 야밤의 마드리드가 아닐 수 없다. 숙소가 24시간 체크인이라 다행이지, 그게 아니었다면 난 정말 끝없는 멘붕의 연속이었을 것이다.

삐용삐용, 경찰차 소리와 웅성이는 도심 소리가 혼잡하게 들리는 메인 거리에 드디어 도착했다. 어둑어둑하지만 계획도시처럼 착착 규칙적으로 구획된 5층짜리 건물들과 삼삼오오 모여 있는 젊은 친구들, 그리고 내가 가장 좋아하는 가을바람까지. 익사이팅한 긴장감은 온데간데없어지고 다시금 처음이라는 기분 좋은 두근거림이 찾아오고 있었다. 여기가 마드리드구나.

짐을 풀어놓고, 바로 옆 파이브가이즈에서 맥주 한 잔을 마시고 나서야, 마음이 평온해졌다. 맥주의 힘이었을까, 가벼워진 발걸음으로 늦은 밤거리를 향할 수 있게 됐다. 그곳엔 곧 있을 크리스마스를 축하하기 위해 세워진 큰 트리가 있었고, 형형색색 건물마다 꾸민 장식들, 왁자지껄 즐거워하는 사람들, 자정을 알리는 쇼가 펼쳐지는 광장이 날 반겨줬다. 이 분위기가 너무 좋았다. 깔깔거리며 즐거워하고, 행복해하는 모습에 덩달아 내 기분도 쿵쾅거렸다. 마치 나의 첫 번째 여행의 밤을 축하라도 해주는 것처럼 이 밤은 너무도 황홀한 축제였다. 그 일이 있기 전까지 말이다.

다음 날, 순례길 시작점인 '사리아'를 향하기 위해 고속 열차 렌페를 타게 되었다. 아주 자랑스럽게도 매트로를 반대로 타본 경험이 있어, 렌페를 타는데도 혹시 실수하지 않을까, 조심스러운 긴장감이 맴돌았다. 역시나. 하필 또 타야 하는 열차에 무슨 일이 생긴 것 같다. 전광판 열차 번호 옆으로 알아듣지 못하는 스페인어가 빠르게 지나가는 것이다. 스펠링 하나하나 캐치하며 번역하기에 바빴는데, 아뿔싸! 단어 하나 놓치기라도 하면 다음 순서가 올 때까지 또 기다릴 수밖에 없었다.

그렇게 연착됐다는 소식을 힘겹게 접한 후에야 열차를 타게 됐다. 긴장의 끈을 놓칠 수 없었다. 열차 내 도둑이 많아 가방을 자물쇠로 잠가놔야 한다는 경고 때문에 배낭을 철통같이 지켜야 했다. 자리 위 공간에 자물쇠로 잠가보기도 하고, 옆자리에 아무도 앉지 않으면 가방을 내려 눈을 부릅뜨며 지켜야 했다.

사실 부릅뜬 눈에는 다른 이유도 있었다. 어디서 내려야 할지 전혀 감이 오지 않았기 때문이다. 이건 마치 서울에서 부산을 가는데 서울 다음이 부산인지, 울산 다음이 부산인지를 알 수 없어 정차할 때마다 여기가 '사리아'인지 온 신경을 써야 했었다. 그런데 아니나 다를까, 정차한 곳이 분명 '사리아'가 아닌데 모든 승객이 내릴 준비를 하는 것이다. 긴장감이 맴돌았다. 나 혼자만의 눈치 싸움이 시작되었다. "뭐야…. 왜 다들 내리는 거야? '사리아'가 아닌데? 내가 표를 잘못 산 건가? 왜 이러는 거지? 나도 내려야 하나?" 내가 예상했던 우려보다 더한 상황들이 곳곳에서 터져 나오니, 정말이지 죽을 맛이었다.

큰맘 먹고, 내리고 있던 한 중년 남성분께 표를 보여주며 말을 걸었다. "여기 가야 하는데 어떻게 해야 하나요?" 그랬더니 여기서 내려 버스로 갈아타야 한다며 밖을 향해 손짓해 주셨다. "내리라고? 갈아타라고? 내가 표를 이상하게 구입한 건가?" 블로그에 팁이라고 나온 모든 글이 원망스럽기 시작했다. 아니, 꼼꼼히 확인 못 한 내가 문제였던 건가. 정말이지 모든 것이 상상 그 이상이다. 긴장감은 계속되었다. 버스 기사님께 표를 보여주며 확답을 받고서야 버스를 탔고, 역시나 정차할 때마다 여기가 어디인지 지도를 확인하며 긴장을 놓지 못했다. 그렇게 난 '사리아'를 향했다.

처음이란 게 원래 이렇게 혹독한 건가. 1박 2일간의 스펙터클한 나만의 성장통 스토리가 완성된 것 같다. 누군가 사실 이 모든 게 몰카라고 해도 이상한 게 하나 없을 정도로 내 인생 제일 쫄깃했던 순간이었다. 두근거린다 싶으면 긴장감을 주고, 너무 비장해지면 또 황홀하게 마음을 풀어주기도 하고, 마치 팔딱거리며 살아 있다는 쫄깃한 긴장감을 선물해 주는 듯했다. 덕분인가? 이제는 모든 일에 살짝쿵 쿨할 수 있는 여유와 웃고 넘길 수 있는 자신감마저 생겨난 것 같다.

재미있는 건 이 모든 경험이 블로그에서 알려준 것들과 조금씩 다르다는 것이다. 믿을 거 하나 없다는 것을 알게 되었다. 결국 내가 직접 경험해 봐야 알 수 있는 것이구나 싶었다. 지금에서야 보니 내가 경험한 것들로 이야기할 힘이 생긴 것 같아 무척 반가웠다. 힘겹게 얻어낸 경험이기에, 그것에서 비롯된 것은 그 어느 것보다 크고 강하다는 걸 깨달았다. 나만의 성장통 스토리는 결국 스스로 부딪쳐 보고, 힘겹게 경험해 봐야 얻어진다는 것을 말이다. 1박 2일간의 성장통 덕에 혼자 떠나는 여행이 이제 더 이상 두렵지 않을 것 같다. 이미그레이션도, 혼자 타는 기차도, 어디에 버려져도, 혼자 잘 해낼 여유가 생겼다.

내일부턴 아마 또 다른 나만의 성장통 스토리가 시작될 것이다. 순례길을 걸으며 즐거워하고 힘겨워하면서, 분명한 건 그 덕분에 새로운 힘이 생겨날 것이라는 확신이 든다. 내일이 긴장되지만, 그런 날 믿고 오늘 밤은 단잠에 들어야겠다.

겨우 도착한 사리아와의 첫 만남

- **장소** 사리아(Sarria) - 포르토마린(Portomarin)
- **거리** 22.68km
- **시간** 4시간 43분 27초

첫발

시차 때문인지 새벽 2시에 깨버렸다. 여행 온 지 12일째 돼서야 겨우 적응하기 시작했으니, 한동안은 자발적 새벽형 인간이 될 수밖에 없었다. 아마도 두근거림이 크게 한몫했을 것이다. '정말이야? 나 진짜 산티아고에 있는 거야? 곧 걷기 시작하는 게 맞지? 내가 정말 순례길을 걷는다니…' 꿈같이 여겼던, 순례길이 곧 펼쳐질 것이라는 기대와 '힘들면 어떻게 하지'라는 걱정에 마음이 복잡해져 차마 눈을 뜰 수 없었다. 아직도 이 현실이 믿기지 않는다.

이 묘한 기분은 무엇일까. "앞으로 진짜 100km를 걷는 거지? 와, 미치겠네." 힘들 거라는 두려움보다 두근거림이. 두근거림보다는 쿵쾅거림이. 터져버릴 것 같은 가슴 벅참이 날 미치게 만들고 있었다.

이왕 일찍 일어난 김에 자리를 박차고 나가볼까도 했지만, 나의 걸음을 막아준 건 숙소 사장님이 알려주신 7시 오픈 예정인 조식 식당이었다. 가슴 벅찬 것도 좋지만 밥은 먹고 가야지.

이제 시간이 됐다. 기분 좋은 샤워로 눌린 머리도 다듬고, 뜨거운 햇빛에 타지 않도록 스킨로션과 선크림을 듬뿍 발랐다. 침대 대신 선택한 침낭은 몇 겹으로 부피를 줄여 가방 맨 밑에 넣고, 스페인까지 진출한 크록스도 꾸깃꾸깃 눌러 가방에 넣어버렸다. 그리곤 침대에 펼쳐놓은 옷가지들을 무심코 바라봤다. 괜스레 마음이 경건해진다. 기능성 긴 바지에 반팔 티 한 겹, 몽글몽글한 파타고니아 후리스, 그 위로 바람막이를 입었다.

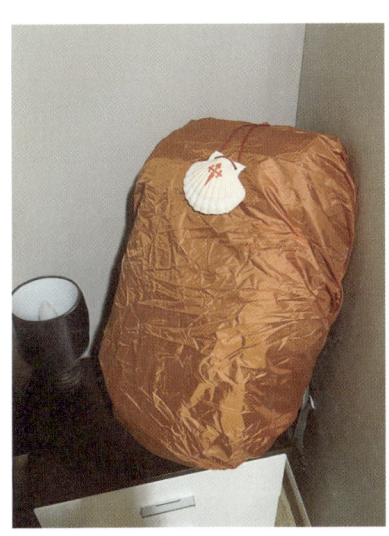 

무좀 양말처럼 생긴 스포츠 양말까지 신었더니 쪼여오는 양말 덕인지 긴장감이 맴돌기 시작한다. "후우~." 트레킹화 신발 끈을 질끈 동여매고 마지막으로 순례자 표식인 조개를 배낭에 매달았다. 몸이 가벼워지며 엔도르핀이 솟구치는 걸 보니 이제 진짜 가야 할 때가 된 것 같다. 마음을 다잡기 좋은 이 루틴은 꽤 매력적으로 다가와, 이후 5일간의 아침 의식이 되어버렸다.

"가자 일권아! 드디어 간다!"

앞으로는 보조 크로스백, 뒤로는 7.5kg 배낭, 목엔 핸드폰 고리, 손에는 물과 귤 2개가 든 비닐봉지를 들고 숙소를 나섰다. 3분 남짓 걸어가다 보니 때마침 'breakfast' 간판을 내놓는 직원이 보였다. 저기가 식당이구나. 문 열자마자 찾아온 손님은 내가 처음이었는지, 직원도 놀라고 덩달아 나도 어버버 인사를 건넸다.

식당이라기보다는 pub에 가까운 그곳에는 유럽풍 액자들과 맥주 통들이 즐비해 있었고, bar 테이블과 4인 테이블 3개가 놓여 있었다. 영화의 한 장면 같이 끊이지 않는 커피 리필과 다양한 이야기가 오고 가는 아늑한 낭만의 분위기를 풍기고 있었다.

나도 한 명의 주인공이 되어 4.5유로 아침 세트를 시키고, 크레덴셜(순례자 여권)에 세요(도장)를 찍었다. 제주 올레길 도장 투어처럼 순레길에도 크레덴셜이 주어지는데, 도시마다 세요를 찍어야 한다. 그래야 내가 어디서부터 어디까지 걸었는지를 확인하여 순례자 인증서를 받을 수 있기 때문이다. 특히 순례길 100km 구간부터는 지역마다 최소 2개의 도장을 받아야 하는 규정이 있어, 매번 숙소 하나, 식당 하나를 꼭 받아야 했다. 지역 상권을 위해 특별한 룰을 만든 것 같은데, 그보다 도장으로 가득 채워지는 크레덴셜이 나의 노고를 증명해 줄 것 같아, 누가 시키지 않아도 2개 이상씩은 꼭 찍기로 마음먹었다.

아침 식사로 넓적하고 두터운 치즈 한 장이 들어간 딱딱하고 퍼석한 바게트 같은 빵과 네 입이면 끝날 것 같은 아메리카노, 그리고 오렌지 주스가 나왔다. 마드리드에서도 딱딱한 빵이 나온 걸 보니 스페인 전역에서는 이 빵이 주식인 모양이다. 먹으면서 이빨이 다 나갈 것만 같았는데도 이 묘한 아침 세트조차 처음 접한 경험이라 식사 내내 신나버렸다. 양과 맛보다 경험의 기쁨이 한층 더 위인가 보다.

"Gracias, Adios(감사합니다. 안녕히 계세요)!"

식당을 나서도 아직 동네가 어둑하여 랜턴을 켰다. 랜턴의 첫 개시라니, 갖고 오길 잘했다며 뿌듯한 미소가 절로 나왔다. 불빛 사이로 안개 낀 거리와 건물이 보인다. 가슴이 두근거리며 벅차오른다. 순례길 첫발을 내딛는 이 순간, 모든 것이 진짜라는 사실이 번쩍하고 다가왔다. 이제 진짜 시작이구나. 내가 꿈꾸던 순례길이 이렇게 시작되었다.

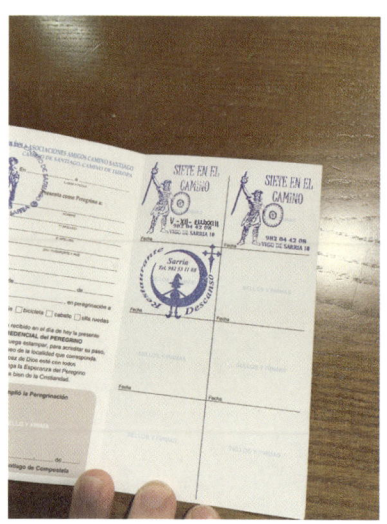

그래서 갈까 말까

함께 걸어온 질문

Q1. 가장 두려워하고 걱정하는 지점은 어디인가요?

　　새벽의 '사리아'는 아름다웠다. 촉촉한 공기의 적막함을 찌르는 아이들 소리도, 낮은 턱의 보도블록과 넓게 자리한 잔디도, 그 모든 것이 가로등 아래로 멋지게 빛나고 있었다. '사리아'는 알베르게 주인이 말한 것처럼 도심에서 벗어나는 데만 30분이 걸릴 만큼 꽤 큰 도시이다. 'Buen Camino'라는 순례자 내비게이션 앱이 없었다면 주택가, 학교, 그리고 도로의 아기자기한 아름다움에 빠져 길을 잃었을 게 분명했다. 참고로 순례길은 내비게이션 앱과 구글맵, 그리고 얼마나 걸었는지 체크하기 위해 나이키 앱도 함께했다.

　　연이어 성당을 지나고, 벽돌 계단에 올라서니, 'SARRIA'라는 내 키만 한 큼직한 웰컴 표식에 다다랐다. 여러 방면의 길이 하나의 산

길로 이어지기 시작한 걸 보니, 드디어 도심 끝자락에 도착한 것 같다. 그곳에서 난생처음, 3명의 순례자를 만났다. 괜스레 반가운 나머지 처음으로 용기 내 "부엔까미노."라고 인사를 건네보았다. "내 입으로 '부엔까미노'를 말해보다니, 내가 진짜 순례길을 걷고 있긴 하구나." 한결 가벼워진 마음으로 그들과 함께 발맞춰 걷기 시작했다.

순례자들의 뒤를 따라 걷는데 그들의 짐이 매우 작다는 사실을 알게 됐다. "어? 순례자가 아닌가? 동네 산책을 하는 건가? 아니면 짐을 미리 보낸 건가?" 이미 여러 번의 순례길을 경험해서 프로의 경지까지 오른 게 아닐까 싶을 정도로 순례자들의 가방은 무척 작았다. 덕분에 나름 미니멀하게 준비한다고 자부심 있어 한 내 배낭이 상대적으로 커 보였다. 어떻게 짐을 저리도 작게 꾸렸을까, 생각의 꼬리를 물다 새벽잠을 뒤척이게 했던 여러 가지 생각들까지 떠올랐다.

"그래. 마음과 생각만으로는 산티아고를 완주할 수 없어. 걷지 않으면 원하는 곳으로 가지 못하잖아. 한 발짝이라도 걸어야 앞으로 갈 수 있지. 결국 내가 걸어야지만 끝이 있는 거고, 내가 내딛지 않으면 아무 일도 일어나지 않을 거야. 걷자, 걸을 수 있어. 걸으면 내가 바라는 방향으로 더 멋지게 갈 수 있을 거야. 그게 무엇이든."

걷는 게 무척이나 싫었던 걸까? 이불속에서 눈도 못 뜬 채, 갈지 말지 격렬히 고민하던 스스로를 응원하고자 꽤 비장한 다짐을 한 것 같다. 이제 보니 혼자 진지한 게 한 편의 블랙 코미디 같다.

생각은 자연스럽게 이어진다. 내가 내디뎌야 바라는 방향으로 갈 수 있듯, 걸어야만 알 수 있는 것들이 너무나 많다는 걸 알았다. 특히 내 짐이 무거운지 가벼운지, 더 줄일 수 있는 현명한 방법은 무엇인지 결국 직접 들어봐야 안다. 그래야 다음 순례길엔 나도 저 순례자들처럼 가벼이 다닐 수 있겠지.

이처럼 순례길을 걷다 보면 많은 생각들이 전환되는 경험을 하게 된다. 진흙으로 물컹한 바닥과 빗물에 잠긴 바닥을 처음엔 조심하지만, 두세 번째는 뭔 대수라며 당당히 밟고 지나가 흙투성이가 돼 버린 신발처럼. 처음엔 다듬었지만 비와 땀에 헝클어져 더 이상 의미가 없어, 자다 깬 머리로 다녔던 머리 스타일처럼. 보조 배낭이 필요 없다는 걸 깨닫고, 네 번째 날이 돼서야 배낭에 넣고 다닌 것까지 모두 경험을 통해 알게 모르게 현명한 방법으로 바뀌었다.

"내가 정말 할 수 있을까?"라는 고민도, 경험을 통해 대수롭지 않은 것으로 인식이 바뀌는 걸 보니, 뭐랄까. 더 이상 고민에 대한 두려움이 없어졌다. 예전엔 두려움에 대해 그저 피하거나 꽁꽁 숨겨 두려고만 했었던 것 같다. 책임감 때문에 해내야 하지만 앞으로 펼쳐질 것들에 대한 묵직한 중압감과 '해낼 수 있을까?'라는 두려움이 나를 무척이나 괴롭혔기 때문이다.

지금도 사실 두려움이 있다. '이 책이 잘 나올 수 있을까?' 두려움이 나를 괴롭히고 있다. 여행으로부터 어느새 1년여가 되어가는 지금, 이 책이 독자들에게 잘 도착했는지? 어떻게 읽고 계시는지? 아니 어쩌면 책이 나오긴 한 건지? 두려운 걱정이 있다. 하지만, 이 또한 결국 내가 책을 내면 대수롭지 않게 바뀔 것이다. 또한 어디선가 이 글을 읽고 계시는 독자 한 분이라도 만난다면 두려움은 뿌듯함으로 탈바꿈되어 있을 것이다.

이렇게 보면 두려워하고 걱정하는 건 경험을 하는 동시에 반드시 없어진다. 그리고 지금보다 훨씬 나은 내가 되는 방향으로 두려움은 해결된다. 결국 '잘할 수 있을까?'라는 두려움은 사실 '잘하고 싶다'라는 다른 모습의 긍정 신호가 아닐까 싶다. 더 이상 두려움이 무겁게 느껴지지 않게 됐다.

Q. 가장 두려워하고 걱정하는 지점은 어디인가요?

사실 정말 두려워하는 건 따로 있다. 이런 당당함이 부족해, 진흙밭 다음에 펼쳐질 아름다운 곳을 끝내 가지 못하는 것이다.

"죽음의 문 앞에 섰을 때 미처 열어 보지 않은 문들이 많다는 걸 알고 후회했다."라는 말이 있다. 나 역시 시도조차 못 한 것들이 많다는 것을 아는 게 가장 두려워졌다. 내가 아는 것보다 세상엔 재밌는 일투성이고, 잘할 수 있는 일들이 가득할 텐데 그것도 모르고 모든 게 끝나버리면 얼마나 후회스러울까? 누군가 세상을 떠날 때 사랑한다고 말 한마디 못 한 것들, 그와 여행 한번 못한 것들, 그와 하지 못한 것들에 대한 후회스러움이 가장 두려울 것 같다. 이렇게 후회의 두려움 속에 살 바엔 다양하게 경험해 보고 후회 없이 살고 싶다.

작은 배낭으로부터 꼬리를 물었던 이 혼잣말은, 사실 작은 배낭이 부러운 나머지 심술 났기 때문인 것 같다. 다음엔 나도 에코백을 들고 와봐야겠다. 그땐 또 다른 후회와 결심이 서겠지.

새로운 아지트

함께 걸어온 질문
Q2. 왜 순례길을 걷기로 결정하셨나요?

도심을 벗어나니 광활한 길이 펼쳐졌다. 낮게 깔린 안개가 숲을 은은하게 감싸안고, 아직 해가 뜨지 않아 어둑한 그곳을 달빛이 부드럽게 비추며, 어렴풋이 길을 드러내고 있었다. 주변의 고요함 속에서는 오직 내 발소리만이 자박자박 울려 퍼졌다. 촉촉이 젖은 잔디 내음과 흙 내음이 강렬하게 코를 찌르며 내 몸을 돌고 있는 듯했고, 시원한 바람이 은은하게 다가와 가만히 있던 나를 두둥실 떠다니게 해주었다. 이 신비롭고 평화로운 새벽의 순례길은 나의 모든 감각을 깨우며, 마치 꿈속을 걷는 듯 특별하게 만들어 주었다.

춥고 습한 비수기라 힘들 거라는 많은 사람들의 걱정도 잠시, 가을의 살랑거림을 좋아하는 내겐 더할 나위 없이 행복한 곳이었다.

이런 매력적인 길을 예전에도 한번 경험해 보았는데, 바로 '제주 올레 1코스'와 '비밀의 숲'이다.

'올레 1코스'는 20대 중반 내 인생 첫 번째 제주이자, 홀로 갔던 첫 번째 여행이다. 그때도 혼자만의 여행이라 신비롭고 두근거렸던 걸까, 비가 쏟아지는 올레길을 물에 빠진 생쥐 꼴로 다녔음에도 어린아이처럼 즐거워했었다. 눈앞에 펼쳐진 드넓은 녹지도, 산에서 자유롭게 뛰어다니는 말과 길마다 자리 잡고 있던 소똥마저도 모든 것이 반갑고 행복했다. 아마도 그것은 20대의 패기였을 수도 있겠다.

반면 '비밀의 숲' 길은 30대 중반에 우연히 만났던 곳이다. 사람 한 명이 지나갈 만한 흙길에 양옆으로 몇백 년 된 나무들이 빼곡히 차 있는 곳이다. 마치 외부 세계와 단절된 듯 동서남북 어딜 봐도 나무 외에 다른 것은 보이지 않는다. 이것이야말로 자연에 감싸 안긴 기분 그 자체였다. 그곳이 주는 에너지는 나를 가득 채워 뭉클한 풍요로움을 느끼게 해줬다. 강원도에 위치해 있지만 당일치기로라도 꼭 가게 되는 워너비 스폿이 되었다.

이처럼 자연 친화적인 두 곳은 나를 에너지로 가득 채워주는 가장 소중한 장소들이 되었다. 이 두 곳을 합쳐놓은 곳이 바로 이곳 순례길이라 해도 과언이 아니다. 넓디넓은 나만의 '비밀의 숲' 길. 나에게 있어 최고의 아지트가 되었다.

Q. 왜 순례길을 걷기로 결정하셨나요?

친구가 이런 질문을 했다. "순례길을 가야 하는 이유가 있어? 제주 올레길도 있고 서울 둘레길도 있는데 거기까지 가야 하는 이유가 뭐야?"

'미니멀유목민' 박 작가님도 내게 물었다. "혹시 몸이나 심적으로 어디 아픈 데가 있어요? 12월에 가는 이유가 뭐예요? 종교적인 이유가 있는 거예요?"

우기 시즌이라 아무도 가지 않는다는 비수기 12월에 기어코 가겠다는 나의 말을 듣고 얼마나 걱정되셨으면 그리도 급하게 전화를 다 주셨을까. 종교적인 이유도 없고, 다행히 아픈 곳도 없다. 12월 비수기를 선택한 이유는 단순히 휴가를 낼 수 있었기 때문이다. 산티아고에 갈 수 있었던 첫 번째 이유는 단연 시간이었다. 순례길을 갈 수 있는 사람은 누구인가 생각해 보면 은퇴한 사람들, 방학한 학생들, 그리고 시간 많은 백수가 보통일 것이다. 돈과 건강, 그리고 시간 삼박자가 갖춰져야 갈 수 있는 곳인데, 단연 시간 많은 사람만이 도전할 수 있기 때문이다. 나 또한 늘 순례길을 언젠가 퇴사하면 갈 수 있는 곳으로 염원의 대상, 열망의 대상으로 고이 남겨놓을 수밖에 없었다.

그런데 때마침 연차를 남겨도 돈을 주지 않는다는 회사의 강제성 덕분에 이왕 이렇게 된 거 쿨하게 이 주일의 휴가를 내버렸다. 나를 위한 시간이 생긴 것이다. 그런데 이렇게 귀한 시간을 소소한 행복으로만 꾸리기는 뭔가 억울하고 싫었다.

내 인생에 있어 아주 굵은, 뭐랄까 소비로 경험하는 것이 아닌 내 몸으로 체험할 수 있는 아주 멋진 버킷 리스트를 이뤄야겠다고 생각했다.

두 번째 이유는 소소한 행복을 찾겠다고 이것저것 하는 것도 지치고, 시간을 더 이상 생각 없이, 정신없게 흘려보내기 싫기 때문이었다. 차분히 나에게만 집중하고 생각하는 시간을 갖고 싶어서였다. 외부에서 들리는 소음, 내 안에서 맴도는 소음, 모두를 내려놓고 싶었다.

물론 그런 이유라면 국내 둘레길도 좋지만, 세 번째 이유로 극한의 경우까지 가야 내 본모습을 볼 수 있을 것 같아, 아무도 없는 외딴 해외로 내 몸을 던졌다. 늘 익숙한 것들과 남들과 똑같은 이유로 해야 하는 것들만 하고, 막상 용기가 없어 새로운 도전 앞에선 늘 머뭇거렸던 나를 바꾸고 싶었다. 내 밑바닥의 본모습을 만나보고 싶었다.

이런 사유들로 순례길을 선택했었고, 순례길은 신비롭게도 밑바닥의 무지하고 순수해진 나를 아무 조건 없이 따뜻하게 맞이해 주었다. 발아래 자박자박 소리 내는 조용한 흙길, 숲속에서 풍겨오는 나무와 흙냄새, 길 따라 나를 인도하는 바람이. 자연 그대로의 나를 만들어 줬다. 그런 순례길에 감사를 표한다.

알베르게

해가 중천에 떴다. 〈반지의 제왕〉 호빗 마을을 연상케 하는 크고 작은 짙은 초록의 나무들이 습도를 머금어 한껏 싱그럽고, 촉촉한 모습을 띠고 있다. 나뭇잎마다 맺힌 이슬방울은 햇빛을 받아 반짝이고, 길을 따라 이어진 나무들의 그늘도 시원하게 펼쳐져 있다.

터벅거리는 흙길 옆으로는 다채로운 식물들이 자라나고, 바람에 흔들리는 풀잎들은 곳곳에 피어난 야생화들과 화려한 색감을 더해주고 있다. 간혹 마주치는 덤덤한 돌담 사이사이로 초록빛 이끼가 빽빽이 자라나, 오랜 세월의 흔적을 그대로 보여주고 있다. 저 멀리 졸졸 흐르는 개울가 물소리마저 평화로운 배경 음악처럼 들려온다.

촉촉한 흙길을 따라 걷는 발걸음은 경쾌하고, 공기는 신선하고 맑다. 나무 사이로 비치는 햇살은 따뜻하게, 걷는 내내 기분 좋은 온기를 선사해 준다. 마치 동화 속 길을 걷는 것처럼 내 몸을 가벼이 춤추게 한다. 풍경마다 놀라웠고, 그 놀라움을 담아내고 싶어 결국 영상을 켰다. 다행히 내 주위에는 아무도 없었고, 있다 한들 한국어를 알아들을 리 만무하니, 쉼 없이 혼잣말을 떠들었다. 사실 점점 힘들어지는 다리를 말이라도 해서 정신을 딴 데로 옮기고 싶은 이유도 있었다. 괜찮다고, 힘내자고, 지금 즐겁지 않냐며 말도 안 되는 음률을 붙여 나만의 노래를 부르기도 했다.

"나는 지금 즐거워~ 괜찮아~ 해피 해피~ 아임 해피~."

어디 들려주기도 부끄러울뿐더러, 지금은 기억도 나지 않은 노래들 덕분에 그나마 기분 좋게 순례길을 걸을 수 있었다.

그러다 '렌테'라는 작은 마을을 만났다. 진흙이 낮게 흩뿌려져 있는 잘 다듬어진 시멘트 길과 각기 다른 모양의 돌들로 층층이 쌓인 건물들, 우악스러운 갈색빛 돌들과 시멘트로 엉켜 만든 집들, 그리고 예배당인지 십자가들이 줄지어 모여 있는 곳까지. 아마도 농업을 하는 사람들이 꽤 오랜 세월 동안 옹기종기 모여 만든 마을인 듯했다. 지금까지 두세 곳의 마을을 포함해 이곳도 역시 음식과 커피를 파는 가게나, 휴식을 취할 수 있는 알베르게는 보이지 않았다. 비수기라서 가게를 닫고 휴가를 갔을 수도 있지만, 전혀 그런 분위기의 건물은 보이지 않았다.

문득 순례길은 어떻게 탄생하게 된 것인지 쓸데없는 궁금증이 생겼다. 순례길을 걷다 보면 큰 도시도 있지만, 렌테 같은 작은 마을을 꽤 자주 만날 수 있는데 이 마을들은 대개 1.8~2.1km 씩 거리를 두고 자리 잡고 있다. 도시와 도시 간에는 20~25km쯤이며, 이 길들이 모여 첫 도시 '생장'에서 최종 목적지 '산티아고 데 콤포스텔라'까지 약 800km로 '산티아고 순례길'이 이루어져 있다.

원초적으로 생각해 보면 성 야고보가 묻혀 있는 '산티아고 데 콤포스텔라'까지 순례자의 편의를 위해 사이사이 마을이 생기게 된 걸까? 아니면 순례자들이 마을에 들러 잠과 음식을 얻어야 하기에 순례자 길이 마을 따라 생겨난 걸까? 참으로 쓸데없지만 무척이나 궁금해졌다.

역시나 그 답은 순례자에게 달려 있었다. '순례'라 하면 역시 순례자들이 걸으면서 얻는 고난과 사색 그리고 영적인 성장을 위해, 순례자들의 걸음을 존중해 준다. 그래서 순례자의 하루 평균 한계치인 20km마다 자연스럽게 큰 도시가 생성되었다. 또한 음식을 공급해 주는 소 농장이 필요해 농부 마을들이 도시 사이사이 짧은 거리로 생성되었고, 그렇게 순례자의 길이 자리 잡게 된 것이다.

이처럼 순례길은 순례자의 신앙과 고난, 사색을 존중한다. 그래서 그럴까? 정통의 순례자들은 순례자라면 반드시 고난을 겪어야

진흙이 낮게 흩뿌려져 있는 마을 '렌테'

하는 순례자 정신을 잊지 않아야 한다고 한다. 밥도 구걸해 먹어야 하고, 숙소도 구걸해 얻어야 한다. 쫓겨나 보는 고통과 고난도 겪어야 한다. 쉽게 얻는 건 고난이 아니고 진정한 순례자라 할 수 없다고 하니, 그들만의 자부심이 강직하니 확고해 보인다. 아마 내가 예약 시스템으로 알베르게를 너무 쉽게 잡아버린 걸 알게 된다면 넌 순례자가 아니라며 엄청 꾸짖을 게 분명하다.

핑계를 대자면 지금도 공립 알베르게는 예약을 받지 않고, 사립 알베르게만 예약을 받는다. 성수기 알베르게는 인산인해가 따로 없어, 현장에서 알베르게를 구하는 게 일상이고, 혹여나 알베르게를 구하지 못하면 다음 마을까지 가서 잠을 청할 수밖에 없다. 반면 지금처럼 비수기 땐 알베르게가 다 휴가 내고 문을 닫기 때문에 필히 예약할 수 있는 사립 알베르게만이 살길이다. 날 꾸짖는다 하더라도 예약할 수밖에 없는 게 현실이다.

혹여 이런 내게 넌 순례자가 아니라고 하면 뭐라고 답해야 할까. "순례자 정신은 자신만의 것이니, 다른 이의 기준도 존중하면서 각자의 기준대로 현명하게 나아가는 걸 응원해 주면 어떻겠냐?"라고 말해봐야겠다.

물론 당연하게도 아무도 물어보는 이는 없다. 나의 순례길은 이렇게 호기심과 혼잣말로 가득 차고 있었다.

이 마을은 어떻게 생긴 걸까?

걷다 보면 만나는 것들

함께 걸어온 질문

Q3. 1년 뒤 죽는다면 무엇에 몰두하고 싶은가요?

"우에에에엑 히엑히엑 히엑 히엑 히엑." 당나귀의 엄청난 울음소리가 순례길을 가득 채운다. "안녕~ 너 이름은 뭐니?"라고 물어봤을 뿐인데, 당나귀는 나를 향해 터벅터벅 걸어와 귀 한쪽을 쫑긋 올리고는 고개를 들어 격하게 자기소개를 해주는 것이다. 철조망 사이로 당나귀는 나를 바라봐 주고, 나도 싱긋 웃으며 한동안 서로 마주 보고 있었다. 이렇게 가까이서 당나귀와 함께하고 있으니, 아침 이슬에 잔뜩 안개 낀 이곳은 영화 〈슈렉〉의 한 장면이 되었다. 영화 속 동키는 다리가 짜리몽땅한 작은 아이였는데, 마주 보고 있는 당나귀는 크기가 내 키만 하여 깜짝 놀랐다. 그럼에도 갈색빛 복슬복슬한 털과 귀엽게 생긴 얼굴이 영락없이 동키와 닮아, 웃음이 빵 터질 수밖에 없었다.

우에에에엑 히엑히엑 히엑 히엑 히엑

동키를 만나기 전에는 철창문 사이로 내게 꼬리 흔들던 덩치 큰 강아지도 만났었다. 어찌나 꼬리를 치며 폴짝거리던지, 그 귀여움에 어쩔 수 없이 간식으로 챙겨갔던 도넛 1개를 꺼내 들었다. 강아지는 배고팠던 건지 철창을 짚어 바로 선 채로 연신 꼬리를 흔들며 도넛을 한동안 뚫어지게 보는데, 도넛을 안 줄래야 안 줄 수가 없었다. 휙 철창 위로 도넛을 던지니 텁, 하고 한 번에 받아 채는 실력이 아마 나 같은 순례자들을 꽤 많이 마주친 것 같다. 이 녀석은 순례자 코스 중의 하나임이 분명하다. 자기 살길 아는 똑똑한 친구였구먼.

걸을 때마다 자박거리는 발소리만이 가득 메운 자갈길 옆으로, 초록초록 이끼 낀 돌담과 겨울이라 아직은 초록이 덜한 벌거벗은 나무들, 그리고 잔뜩 낀 안개 속의 순례길은 어디선가 슈렉이 나와도 이상하지 않고, 일곱 난쟁이가 나와도 이상하지 않을 그런 곳이었다. 더욱이 풀을 뜯고 있는 소들도 보고, 암소 위로 올라타 있는 자연 그대로의 수소도 보고, 색이 빛나던 파란빛의 작은 새들, 그리고 꿩 같은 새와 컹컹 짖어대는 강아지들을 보고 있으니, 마치 현실 밖 동화 속 세상에 스며든 듯한 기분이 들었다.

이곳의 습도와 공기 그리고 시원한 온도와 흥얼거리는 내 마음 상태까지 모든 것이 좋았다. 살짝쿵 아파오는 다리도 가벼워질 정도로 몸과 마음이 덩실거리며 기분이 좋아졌다. 이 순간이 끝나지 않았으면 좋겠다. 언젠가 이 길을 다시 올 수도 있겠지만 그땐 아내와 함께일 수도 있고, 친구와 함께일 수도 있겠다. 혹시나 운이 좋아 혼자 다시 찾아온다 해도 지금과 똑같은 날씨의 순례길은 아닐 것이다. 특히나 지금, 이 순간을 즐기고 있는 '내'가 없을 것이 분명하다. 오늘의 나는 지금 이 순간뿐이니깐.

걷기에 지쳐 땅만 보며 무덤덤하게 걸었던 내게, 이 길은 다시 없을 길이라는 생각이 번뜩 스쳐 갔다. 천천히 걷고 싶어졌다. 이 순간이 끝나가길 바라면서도 끝나지 않았으면 좋겠다는 생각과, 빨리 쉬고 싶으면서도 천천히 음미하며 걷고 싶다는 생각들이 교차했다. 아마도 이 생각들은 하루가 지날 때마다 더 복잡하게 날 괴롭힐 것 같다.

모든 것이 신기하고 신비로웠던 자유로움에 희열을 느끼던 첫날의 나와 지치고 무겁고 어느새 익숙해져 현실의 시간만을 바라보고 있던 세 번째 날의 내가, 같은 길을 걷고 있다는 게 믿기지 않을 정도로 확연히 달라졌다는 것을 알게 되었다. 역시나 지금의 순간은 영원할 수 없구나. 그래서 더더욱 지금 이 순간을 즐기고 있는 '내'가 소중해졌다.

Q. 1년 뒤 죽는다면 무엇에 몰두하고 싶은가요?

아내를 도와 운영하는 자기 계발 모임(블럭식스)에서 매일을 계획하고 살아가며, 점검하는 데일리 인증을 하고 있다. '데이 바이 데

이' 인증으로 하루를 지켜보는데도 불구하고 한 달이 모일 때쯤에야 비로소 내가 한 달간 참 많은 일을 했다는 것을 알아차리게 된다. 순례길이 끝나고서야 모든 길이 달랐다는 것을 발견한 것처럼, 한 달이 모이기 전엔 하루 동안 일어나는 변화를 자각하지 못할 때가 많았다. 일정하게 돌아가는 시간이라 해도 어느 하나 어제와 같고, 오늘과 같을 내일은 없을 텐데 말이다.

그래서 나는 다시 없을 이 소중한 오늘을 사랑하고 싶어졌다. 무엇을 하는 것도 중요하지만 지금 내가 진심으로 이 순간을 즐기고 있는지에 더 몰두하고 싶어졌다. 1년 뒤 죽는다 해도 똑같이 지금 하는 일에 집중하고, 소중한 사람들을 만나서 미래의 얘기는 잠시 뒤로하고 지금의 순간을 수다로 채워가고 싶다. 다시 없을 지금의 이 순간을 잊지 말기를 바라며 말이다.

순례길에서 만난 수많은 동물과의 교감으로 마음이 살랑거리던 순간, 중간 쉼터 같은 곳을 발견했다. 3평 남짓 널찍한 공간에 성모 마리아 사진이 크게 자리 잡고 있었고, 그 옆으로 색색의 수많은 포스트잇이 붙어 있었다. 아마도 순례자들이 저마다의 기도를 올린 것 같다. 분명 알아볼 수 없는 언어들이었지만, 나보다 먼저 이 길을 걸었던 순례자들의 깊은 에너지가 느껴졌다. 단 한 번도 보지 못한 분들이지만 분명 그 마음은 다들 하나같이 자신과 우리를 위해 기도하는 마음이 분명했기에, 그곳에 앉아 있는 것만으로도 깊은 에너지와 사랑을 받아버렸다.

마침 들고 온 펜이 있어, 나도 우리를 응원하고 지금의 나를 잊지 않기 위해 한 글자 적어보았다.

"부엔까미노, 드디어 바라온 순례길을 걷습니다. 모두의 평온과 사랑이 머물길. 사랑합니다. 나의 모든 것에. 최일권."

언젠가 떼어질지 모르지만, 혹시나 이 글을 어느 한국인 순례자가 본다면 '포기하지 않고 오늘을 걷고 있는 당신은, 지금의 자신으로서 충분히 사랑받을 자격 있다'라는 나의 진심 어린 마음을 전달받기를 바라본다.

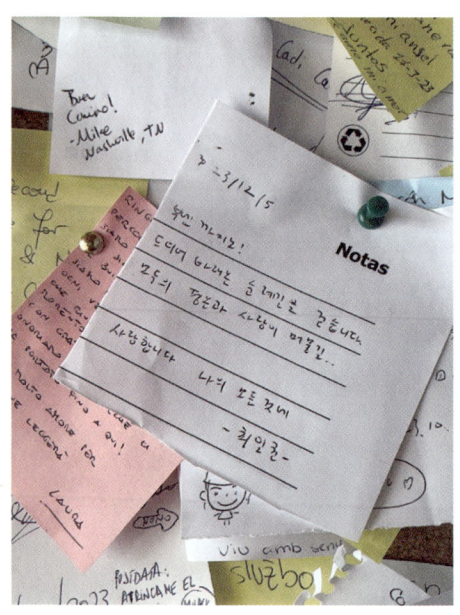

색색의 수많은 포스트잇에 깃든 저마다의 바람들

Portomarin

함께 걸어온 질문
Q4. 가족은 당신에게 어떤 의미인가요?

지도를 보니 오늘의 종착점 '포르토마린'과 내가 한 화면에 담기기 시작했다. 드디어 첫 번째 순례길 끝이 보인다. 이렇게 반가울 수가. 끝이 안 보일 것 같았던 4시간의 여정도 드디어 끝이 나고 있다. 긴장이 풀리면서 마음도 급해지니 아프지 않았던 다리가 아파오기 시작하는데, 야속하게도 내 앞에 2개의 표지석이 양 갈래 길을 가리키고 있었다. '이건 무조건이지' 생각도 하지 않고 단숨에, 가파르지만 빨리 갈 수 있는 숏컷을 선택해 버렸다.

아주 비좁은 돌계단. 그 돌계단 위로 흩뿌려져 있는 젖은 낙엽들. 가뜩이나 비수기라 순례자 하나 안 보이는데, 엎어지면 그대로 오랫동안 잠들 것만 같은 그런 다이내믹한 숏컷이었다. 한껏 무거워진

다리로 가파른 계단을 내려가기엔 힘겨웠지만, 느리게 삥 둘러 가는 것보단 잘한 선택이라며 스스로 토닥였다. 분명 지금까지 걸었던 길은 재밌었고, 흥미로웠는데 지금은 힘들어 쉬고 싶단 생각만이 잔뜩인 걸 보면, 나의 좋았던 감정들은 기억에서 금세 사라져 버린 것 같다.

문득 책 《그레이트 마인드셋》에 나온 '감정은 왔다가 가는 바람과도 같다. 나쁜 감정은 영원히 머무르지 않는다. 좋은 감정도 계속 이어지지 않는다'라는 문장이 떠올랐다. 4시간을 걸었던 이 길 동안 수많은 감정들 사이로 외줄타기했을 텐데, 내가 느낀 감정들은 기억에서 사라져 버리고 지금은 '포르토마린' 끝에 몸뚱이만이 서 있다. 분명히 한 걸음엔 신비로움으로 힘이 넘쳤고, 한 걸음엔 주저앉고 싶을 정도로 힘들었었는데, 어떤 기운이 날 이 자리로 인도했는지 놀라울 정도로 신기할 뿐이다. 열정의 기운도 그리 길지 않고, 고통의 순간도 그리 길지 않다는 것을 깨닫는 순간이었다.

'포르토마린'에 다가가는 당시 나의 마음은 '힘들어 쉬고 싶다'였는데, 지금 나의 마음은 '다시 가고 싶은 곳'으로, 같은 '포르토마린'에서도 두 가지 마음이 공존해 있는 날 발견했다. 먼 훗날 생각하면 오늘과 또 다른 기분으로 '포르토마린'을 그리워하고 있을 것이다. 그러니 바람과도 같은 나의 감정 하나하나에 너무 휘둘리지 말고 덤덤히 잘 받아내 꾸준히 걸어가는 이 걸음에만 집중해야겠단 마

엎어지면 오랫동안 잠들 것 같아.

음이 들었다. 그리곤 한 걸음, 한 걸음 걷다가 목표에 왔을 때는 묵묵히 진심을 다해 축복해 줘야겠다.

그런 변화의 감정 사이로 하나의 새로운 감정이 찾아왔다. 무서움이었다. '포르토마린' 마지막 코스로 강을 횡단하는 아주 높고 긴 다리를 건너야 했다. 고소공포증이 있는 내게는 차디찬 강바람이 들이닥치는 그 다리가 꽤 불편하고 무서웠다. "으으으. 빨리 가고 싶다. 빨리 지나가자! 빨리! 빨리!" 나름의 고독한 싸움 끝에 겨우 도착한 곳에는 강 수 위를 조심해야 했는지 아주 높은 곳에 위치한 포르토마린이 우뚝 서 있는 것이었다. 다리도 아프고 고소공포증도 있는 내겐 정말 끝난 게 끝난 게 아닌 고난의 순례길이었다.

헉헉, 거친 숨으로 헐떡이며 계단을 오른 포르토마린은 비수기답게 조용했다. 가게마다 문은 닫혀 있고 사람 한 명 보이지 않는 이곳은 나의 첫 순례길을 축하해 줄 마음이 전혀 없어 보였다. 묵묵히 축복만 해줘야겠다고 생각하긴 했지만, 이런 식으로 공기마저 묵묵할 줄은 몰랐다. 괜스레 외롭고 쓸쓸한 마음이 들어 다리마저 터벅터벅 더 무겁게 느껴졌다.

"올라~." 겨우 찾은 알베르게에서도 주인아저씨는 오간 데 보이지 않는다. 사람 한 명 지나갈 수 있는 좁은 통로의 입구에서 덩그러니 기다릴 수밖에 없었다. 그곳엔 통로를 가득 메운 가로로 긴 거울이 있었다. 그 속엔 아직 순례길이 끝난 것 같지 않아 왠지 더 걸어야 할 것만 같은 마음과 '이게 정말 끝인 건가'라는 복잡 미묘한 감정이 올라와, 이러지도 저러지도 못한 채 그대로 얼어버린 내가 서 있었다.

"어휴, 그래도 어떻게든 걸었네. 고생했다 고생했어."

그제야 들어온 사장님의 "올라~." 소리와 함께 땡, 하고 몸이 풀려버렸다. 흰머리에 너털웃음으로 푸근해 보이시는 남자 사장님의 목소리가 왠지 모를 위로가 되어 다가온 것이다. "올라." 사장님께 웃음과 함께 인사를 건네니, 한껏 편안해진 내 마음이 전달되었는지, 예약한 더블룸을 싱글룸으로 흔쾌히 변경해 주셨다. 몸과 마음을 녹아내려 주시는 고마운 사장님이셨다.

소개받은 8평 남짓 되어 보이는 싱글룸 중앙에, 덩그러니 놓인 침대가 눈에 띄었다. 냅다 바닥에 배낭을 던져버리고 싶었지만, 그것보다 와이프에게 먼저 전화를 걸었다.

"여보~ 했어!! 나 끝났어!!! 다 걸었다고!!"
"아우~ 고생했어! 내가 다 감동이다! 정말 멋져. 여보 멋지다."

누가 보면 순례길 800km를 완주한 사람처럼 성공과 기쁨에 소리를 질러댔다. 아마 복잡 미묘하게 뒤섞여 있던 감정들이 표출되기 시작한 것 같다. 내가 내 발로 선택하고 걸었던, 그리고 완성한 첫 번째 성공을 스스로 너무도 축하해 주고 싶었나 보다.

"하아…." 깊은 한숨이 나왔다. 힘들어서도, 숨이 가빠서도 아닌, 뭔가 다 잘 끝났다는 안도의 한숨이었다.

"여보…. 고마워."

산티아고에 간다고 했을 때, 단번에 "그래, 갔다 와!"라고 아주 세상 쿨하게 허락을 해줬던 아내. 나의 선택을 늘 응원해 주는 그녀가 정말 고마웠다. 나를 온전히 믿어주고 응원해 준 그녀를 향한 고마움이 더 진해졌다.

Q. 가족은 당신에게 어떤 의미인가요?

가족은 내게 믿음 그 자체인 것 같다. '가족이니깐, 그간에 쌓인 시간과 정이 있으니깐, 믿음이 쌓였다'와는 전혀 다른 그런 믿음이 있다.

티격태격도 하고, 티키타카도 해보며 나와 맞춰 쌓아온 시간 속에, 나를 대변할 수 있는 유일무이한 사람으로서의 믿음이 있고, 아내가 사람들을 대할 때의 태도나 실행력, 그리고 끊임없는 자기 객관화에 노력하는 모습을 옆에서 지켜보며 생겨난, 굵직한 믿음도 있다.

더욱이 제일 중요한 건 가족에게 믿고 일을 맡겼을 때, 그 일이 혹여나 잘못됐다 할지라도 충분히 커버할 수 있는 나에 대한 믿음이 생겼다. 그래서 내게 가족은 내가 의지하면서도 내게 의지하게 해줄 수 있는 그런, 함께 커가는 소중한 존재가 됐다.

아내를 향한 끝없는 고마움과 아내에게 꼭 성공해서 돌아가겠다는 스스로에 대한 믿음이 더 단단해지는 순간이었다.

오늘의 거리

- 장소: Sarria to Portomarin
- 거리: 22.68km
- 시간: 4시간 43분 27초

함께 걷자.

새벽녘의 감성처럼
모든 게 신비로웠던 길을

음식의 저주

툭, 툭, 나를 조여 맸던 배낭 후크를 풀고는 배낭을 바닥으로 던져버렸다. 쿵, 하니 묵직한 소리와 함께 땀으로 젖은 바람막이와 후리스도 벗어버리니 굳어있던 몸뚱이가 풀리는 느낌이었다. 족쇄에서 풀려난 기분이랄까? 가벼워진 몸뚱이로 당장이라도 침대에 파묻히고 싶은 마음이 한가득이었지만, 지금 누웠다간 다시는 못 일어날 것만 같아 얼른 씻기로 했다.

사람이 붐벼 힘들 거라는 공용 샤워실에 대한 걱정들이 쓸데없어질 정도로 샤워실 하난 끝내주게 깨끗했다. 따뜻한 물까지 콸콸나와, 걸었던 모든 순간이 위로받는 기분이었다.
샤워가 이렇게 행복한 일일 줄이야! 물이 머리부터 발끝까지 흐르면서 온몸의 피로가 덩달아 씻겨 내려가는 기분이었다.

순례길에서 제일 걱정했던 건 사실 빨래였다. 준비한 옷이 하나였던 터라 좋은 컨디션의 옷을 입고 가려면 영락없이 옷을 잘 빨아야 했다. 샤워하면서 같이 빨까? 마르긴 잘 마를까? 극강의 미니멀리스트 박 작가님처럼 샤워하면서 빤 옷을 다시 입은 채 체온으로 말려야 할까? 옷에 대한 고민은 끊임없었다. 이번 알베르게부터 빨래와의 전쟁이 시작되었다. 샤워를 마치고 나서, 빨래를 널 수 있는 곳이 있나 이곳저곳을 돌아다녔다. 건조대를 찾기 전까지는 빨래를 할 수 없었다. 그러던 중 우연히 샤워실 입구 반대편에 야외로 나갈 수 있는 공간이 있다는 것을 발견했다. "뭘까? 이 공간은." 끼이익. 주인에겐 무례할 수 있지만 과감하게 중간 문을 열었다. 아니나 다를까 빨래가 널려 있는 발코니가 있었고, 구석 쪽에서는 세탁기와 건조기가 '짜잔' 하고 나타났다. 1.5kg 정도 돌릴 수 있을 법한 작디작은 세탁기는 4유로, 그리고 3유로짜리 건조기는 나에겐 구세주와 같은 존재가 되었다. 그제야 크록스와 따뜻한 트레이닝복, 그리고 새 반팔 티로 금세 갈아입고는 오늘 함께 걸었던 모든 옷을 빨아버렸다. 몸도 마음도 보드라워지는 순간이었다.

세탁기가 돌아가는 시간 동안 늦은 점심을 먹겠다고 구글맵에서 레스토랑을 찾았다. 정말 비수기라 그런지 오픈한 음식점은 한두 군데뿐이었고, 그나마 먹음직스러운 곳은 단 한 군데였기 때문에 최종 선택지는 그곳뿐이었다.

"후아…." 샤워하고 노곤할 땐 국밥 한 그릇 때려서 몸을 따뜻하게 해주고 싶은데, 그럴 수 없으니 그 마음을 담아 '웜 누들 수프'를 시켰다. 무조건 세트로 2개는 시켜야 한다기에 오리고기와 레드 와인도 추가했다. 레드 와인은 재밌게도 별도의 투명 유리 주전자에 담겨 나왔는데, 와인 한 모금이 온몸을 감싸고 돌아, 전율이 느껴지며 뿌듯함과 행복함이 극에 달아버렸다. 진짜 최고로 행복한 순간이었다. 지금 여기, 홀로 스페인 어느 한 마을에 와서 와인 한잔하고 있다니 진짜 믿을 수 없는 이 현실에 콧노래가 절로 나왔다. 하지만, 행복은 그리 오래가지 않았다.

와인과 함께 나온 식전 빵은 어김없이 이빨 나갈 것 같은 딱딱한 빵이었고 날 따스하게 데워주길 바랐던 수프는 잘게 잘게 난도질 된 누들과 고소하고 기름져 묘한 느끼함을 선사하는 수프였다. 이건 무슨 맛인가…. 생전 처음 먹어보는 맛이라 뭐라 말로 표현 못할 정도이다. 먹을수록 살짝 거북한 느끼함까지 들기 시작했다. 그래도 딱딱한 빵을 찍어 먹을 수 있으니, 다행이라고 해야 하나… 내 돈 주고라도 꼭 사 먹어야 한다는 그 오리고기는 그나마 그득했던 양념을 걷어내야지만 먹을 만했다. 그나마 다행이었다. 극심한 배고픔 때문에 수프는 남겨도, 꾸역꾸역 고기만큼은 남기지 않고 먹어야겠다는 의지가 생긴 걸 보면 오리고기도 별로였던 게 분명했다. 힐링될 거라는 믿음의 음식이 생존 음식으로 바뀐 순간부터 날 위로한 건 알딸딸하게 해준 와인뿐이었다.

    생존 같은 점심이 끝나고 저녁만큼은 맘 편히 먹으려면, 어제처럼 숙소에서 고기를 구워 먹는 것이 최선이라는 생각에 마트를 들렀다. 그곳은 크기는 컸지만, 손님이 없어선지 아주 어두컴컴한, 장사 안되는 분위기를 풍겼다. 물 한 병과 간식으로 먹을 푸딩 2개 1세트 그리고 전자레인지에 돌리면 '짜잔' 하고 맛있는 음식이 나올 것처럼 생긴 사진의 완전식품 2개까지 함께 샀다. 오늘 밤에 1개 먹고 내일 아침에 마저 1개를 먹고 출발해야겠다는 완벽한 계획형 구입이었다.

    숙소에 도착해서는 한국 시각으로 새벽이라 시차 때문인지, 아니면 힘겹게 걸어서인지 잠이 솔솔 오기 시작했다. 그렇게 잠시 눈을 감았다 떠보니 어느새 어두컴컴해진 저녁이었다. 불은 다 켜놓고 귀에는 이어폰 꽂은 채 아주 이상하게 자고 있는 나를 발견했다. 시간이 이리도 빨리 갈 줄이야. 일어난 김에 저녁을 먹어야겠다는 생각에 무거운 발걸음으로 구매한 음식을 들고 식당을 향했다.

    "홀라!" 식당에서 텔레비전을 보고 계셨던 주인아저씨께 인사하니 "맛있게 먹어~." 하고 반갑게 맞이해 주셨다. 하지만 음식의 저주가 저녁까지 이어졌다는 걸 깨달은 순간부턴 더 이상 내겐 맛있는 음식은 존재하지 않았다. 아까 산 완전식품 세트는 알고 보니 그냥 생밥이었던 것이다. 우리로 치면 햇반 2개를 좋다고 사 온 셈이다. 스페인어를 똑바로 읽지 못하는 내 잘못인가? 아니면 겉표지가 아주 맛있게 표현된 것이 잘못일까? 그래도 버티려면 먹고는 봐야겠다고 전자레인지에 밥을 돌렸다. 베트남 쌀처럼 푸석푸석한 날아다니는 밥이었는데, 잡곡밥이라 그런지 그나마 고소한 맛이 살짝 나는 것 같았다. 씹으면 씹을수록 고소하다고 누가 그랬던가, 부드럽지도 않고 딱딱한 밥을 우걱우걱 먹고 있는 지금, 이 상황이 너무 슬픈 블랙 코미디가 따로 없다.

제발 푸딩만은 배반하지 않기를 바랐지만, 푸딩이라 생각한 건 녹아내린 초콜릿 크림 쪽에 가까웠다. 그 위에 올려진 생크림도 그새 녹아버려 배도 안 차는 그런 몹쓸 음식이 되었다. 어휴, 잠이나 자자. 정말 이 순간만큼은 기대했던 행복이 처참하게 배신당한 기분이었다.

신비로웠던 순례길이자 저주스러운 음식의 순례길이 시작된 첫날이 이렇게 끝이 났다.

태어나서 이런 맛은 처음이야.

- **장소** 포르토마린(Portomarín) - 팔라스 데 레이(Palas de Rei)
- **거리** 24km
- **시간** 4시간 58분 19초

새벽에 보낸 메시지

새벽 2시. 역시나 눈이 떠져버렸다. "으으으으." 온 신경이 후끈거리는 발을 향했다. 발은 괜찮은 건가? 몸은 꼼짝달싹하지 않은 채 그대로 발목만 돌려 보았다. 무릎도 접었다 폈다 한 번씩 자극을 주며 발이 살아 있는지 확인했다. 묵직했던 어젯밤보다는 확연히 좋아지긴 했지만, 다리가 평소와 다른 컨디션임을 직감했다. 조금 더 자볼까 싶어 눈을 감아보았지만 잠은 이미 달아난 지 오래. 끝없는 물음표들이 마음속을 떠다니기 시작했다.

'배낭만 없으면 발이 안 아프려나?' 배낭 없이 가뿐히 걷고 있는 모습을 떠올려 본다. '배낭을 메고 완주 해야 의미가 있는 걸까? 순례길의 진정한 의미는 무엇이길래 이렇게까지 해야 하는 걸까?' 괜스레 애꿎은 배낭에 화가 나기 시작했다. '동키 서비스는 겨울엔 안 한다는데, 택시를 탈까? 택시로 20분 거리니깐 짐만 보내볼까? 아냐, 뭘 믿고 그렇게 보내겠어. 그냥 가자…' 괜한 걱정이다 싶어, 생각을 멈추려 했다. '아니면 택시를 타고 다음 숙소에 짐만 맡기고 다시 와서 걸어볼까? 아니야 그냥 여기에 짐만 맡기고 다 걷고 나서 택시로 짐을 찾으러 와 볼까…' 생각은 여전히 끊이지 않는다. 택시를 타고 순례길을 점프하기엔 죄책감이 들어, 짐만 어떻게든 해결해 볼까 싶어, 불 꺼진 어두컴컴한 숙소에 갇힌 채 이 생각 저 생각 끊임없는 상상의 나래를 머릿속에 가득 채웠다. 한편으로는 하루 정도 걸어봤다고 벌써부터 편한 것을 찾으려 머리를 쓰는 건가 싶어, 내가 한심해 보이기까지 했다. 어제 만난 순례자들의 모습과 배낭 사이즈가 아른거리니 더욱 고민이 깊어지는 것 같다. 그들도 나처럼 밤마다 고민에 잠겼을까? 눈을 감은 채 생각이 많아지니, 마음속 깊은 곳에서 불편한 감정이 자욱이 깔리고 있었다.

결국 눈을 뜨고는 핸드폰을 켜 '산티아고 택시 타는 방법'을 검색하고 말았다. 머릿속에 떠도는 답들을 찾고 싶었다. 신기하게도 나 같은 고민을 하는 사람들은 단 한 명도 찾지 못했다. '동키' 서비스도 없는 비수기는 진짜 오는 게 아니라는 사실을 깨닫게 할 뿐이었다.

혹시나 하는 마음으로 부킹닷컴 앱을 열어 숙소 정보를 찾아봤지만, 역시나 돌아오는 건 답이 없는 불편함뿐이었다. '사실 잘 들면 무게도 느껴지지 않잖아…. 그러려고 왔잖아…. 잘할 거면서 뭘' 그곳엔 분명 나 혼자였지만, 또 다른 나와 옥신각신하며 이런 선택을 생각한 자신을 이해하려고도, 토닥토닥 다독여 돌려보내 보려고도 했다.

당연하게도 내게 답을 해줄 이는 아무도 없었다. 새벽의 고요함 속에서 홀로 깊은 생각에 잠긴 채, 그렇게 시간은 빠르게 흘러갔다. 새벽 4시가 되어서도 답을 찾을 수 없는 건 매한가지였다. '에라이, 모르겠다' 혹시나 하는 마음으로 희망 한 스푼 담아 숙소 사장님께 메시지를 보내보았다. '혹시 짐을 다음 숙소로 옮겨 줄 수 있을까요?'

'떵동' 답장이 왔다.

'문밖 오렌지 봉투에 넣어두면 옮겨줄게' 반가운 메시지였다. 하지만 이미 나는 7km 남짓을 한창 걷고 있을 때였다. '그래도 늦게나마 알려주셔서 감사합니다. 전 그냥 이고 지고 가고 있어요'

내가 만난 건 귀신일까?

함께 걸어온 질문
Q5. 언제 불안을 느끼시나요?

어젯밤 햇반 사건 덕분에 아침은 굶겠구나 싶어, 각오를 단단히 하고 순례길을 나서려고 했다. 사실 스페인식 햇반을 돌려 먹어보려 했지만, 도저히 이건 안 되겠다 싶어 포기했기 때문이다. 그렇게 나선 지 얼마 안 돼 큰길로 들어서니, 다행히도 오픈한 지 얼마 안 된 카페를 발견할 수 있었다. "세상에 산티아고! 감사합니다."

역시나 그곳에서도 조식 세트로 딱딱한 빵 한 조각에 버터와 잼, 그리고 커피와 오렌지 주스가 나왔다. 적당한 카페인과 적당한 배부름, 그리고 에너지를 업시켜주는 오렌지 주스는 꽤 괜찮은 구성이었다. 오래 걸어야 하는 순례길에, 안성맞춤 세트였다고 이제 와 생각이 든다. 한국에 돌아가서도 꼭 한번 먹어봐야겠다.

물론 양이 적어 밥인지 간식인지 모를 정도였지만 후루룩 먹어버리고는 마침내 어두컴컴한 길을 나섰다. 아이러니하게도 배낭을 들쳐 멘 순간, 새벽녘에 해왔던 고민은 아주아주 작아져 내 골반 어디쯤엔가 깊게 숨어버렸다. 덕분에 머리는 상쾌해지고 "새벽 공기가 참 좋네."라며 그새 또 기분 좋은 상태가 되었다. 사람은 정말이지 하고자 하면 어떻게든 적응하는가 보다.

산티아고는 해가 8시쯤에야 뜨기 때문에 그 전까진 무척이나 어둡다. 달빛은 미세하게 있지만 역시나 랜턴 하나 믿고 길을 걸을 뿐이다. 2층 정도 되는 높이에 있던 포르토마린의 가파른 계단을 내려와 고소공포증을 유발했던 다리 반대 방향으로 걸음을 옮겼다. 다행이었다. 덩달아 새벽녘의 공기가 그리도 좋았는지 자연스레 흥얼거림도 시작되었다. "흥흥흥~ 달빛이 예쁘네~ 오늘은 강을 건너지 않아서 다행이구먼. 지금 강 건너면 아주 죽을 맛이었겠다~ 흥흥흥." 아마 조금만 더 했으면 공기 반 소리 반이 좋다며 JYP에게 원픽을 당했을 수도 있을 것만 같았다.

그렇게 신나게 걷다 보니 눈앞으로 2개의 표지석이 나타났다. '보편적인 길'과 '일반적인 길'. 어제도 이런 두 갈래 길이 있었는데, 한쪽은 멀리 가지만 평온한 길, 다른 한쪽은 빠르지만 험난한 길 같이 느껴졌다. 오늘도 조금이라도 덜 걷고 싶은 마음이 한가득이라 험난한 길을 선택했다.

당당하게 선택한 그 길은 가로등도 없는 아주 시커먼 곳이었다. 이렇게 어두울 수 있나? 살짝 당황스럽기까지 했다. 마치 남산 산길 같이 경사 높은 언덕에 나무들로 빼곡히 둘러싸여 있는데, 그 깊이는 너무 어두워 보이지 않으니 헤아릴 수 없이 깊은 느낌을 주었다. 나무 위로는 귀신들이 매달려 있을 것만 같고, 랜턴 밖 어두운 그곳에는 우두커니 괴물들이 서 있을 것 같은, 그런 서늘한 어둠이 나를 둘러싸고 있었다. 아마 햇빛이 스며든 낮에 만났다면 예쁜 순례길일 수도 있었겠지만, 중간중간에 놓인 표지석만 없었으면 여기가 순례길인지 어딘지 모르게 어둠에 잠식될 것만 같은 곳이었다. 사실 그곳에 표지석이 있다는 것이 얄미울 정도였다. 이런 길을 왜 만들어서는 사람을 이리도 무섭게 만들었을까?

오랜만에 느껴지는 공포에 뒷골이 당기기 시작했다. 난 분명 혼자인데 누군가 뒤에서 바짝 따라와, 돌아보면 바로 잡아먹힐 것 같은 공포감이 등줄기를 타고 왔다. 덕분에 뻣뻣해진 목은 45도 각도로 땅만을 의지했다.

"뭐, 괜찮아!! 귀신은 무슨 귀신이냐…. 귀신 나와봤자 내가 스페인어를 못 알아먹으니 전혀 안 무서울 거야!! 괜찮아." 스페인 귀신이라니, 어처구니없는 생각에 피식 웃음이 나 무서움이 조금은 덜해졌다. 하지만 아직도 초입이라는 순례길 내비게이션 덕에 아무렇지 않은 척했던 내게 무서움이 다시금 찾아와 버렸다. 안 되겠다 싶어 유튜브로 다운받아 놨던 악동뮤지션 노래 메들리를 크게 틀어, 첫 타자로 나온 〈다이노소어(DINOSAUR)〉를 따라 부르기 시작했다. "어릴 적 내 꿈에 나온 Dinosaur~ 어릴 적 내 꿈에 나온 Dinosaur~." 노래에 동화되었는지 그곳은 마치 나무 위로 다이노소어가 우직하니 풀 뜯고 있을 것 같은 숲속으로 탈바꿈되고 있었다. 신비로웠다.

그렇게 조금 더 걸었을 때쯤 살짝씩 아주 살짝씩 돌들마다 회색 빛깔을 내뿜기 시작했다. 어둑어둑했던 그곳도 새벽녘의 밝음처럼 조금씩 어둠에서 회색으로 빛을 내고 있던 것이다. 드디어 가파른 오름도 끝이 보였다. 광활하게 넓게 깔린 붉은색 안개가 나무 곳곳에 스며들어 색을 내기 시작하는데, 그제야 그곳이 참 예쁜 곳이었다는 것을 알 수 있었다. 마치 〈라이온 킹〉 오프닝에 나오는 해 뜨는 초원 같았다. 마음이 벅차오르기 시작하면서 "자연이 빛을 만나면 이렇게 아름다울 수 있구나." 감탄도 절로 나왔다. 참 웃기기도 하다. 분명 자연은 거기 그대로일 뿐인데 나 혼자 무서워하기도 하고 헤벌쭉 감탄까지 하다니, 아주 혼자 독백 쇼를 찍고 있는듯했다.

어두운 새벽길을 걸을 때 느꼈던 공포와 불안, 그리고 빛이 찾아오며 느꼈던 안도감과 아름다움. 같은 길이었지만 내가 느끼는 감정에 따라 그 길의 의미는 완전히 변해갔다. 불안에 휩싸였을 때는 아무리 작은 소리도 거대한 위협으로 다가왔는데, 빛이 찾아오자 그

모든 것이 눈 녹듯 사라졌다. 그저 평범한 길도, 내 마음에 따라 전혀 다른 세계로 펼쳐진 것이다.

Q. 언제 불안을 느끼시나요?

불안은 다양한 형태로 날 찾아오는 것 같다. 회장님 앞에서의 PT 발표날, 시험지를 처음 마주한 순간, 그리고 각종 두려움이라는 이름으로도 말이다. 그런데 곰곰이 생각해 보니 내게 불안은 어둠과도 같다. 어둠 속에서는 무섭고 두렵지만, 밝아지면 아름답고 평화로운 길로 변하는 것처럼 불안은 내가 처한 상황이 아니라, 그 상황을 스스로 어떻게 느끼느냐에 따라 달라지는 것 같다. 마음은 모든 것을 무겁게 만들기도 하지만, 모든 것이 재미있는 첫 경험처럼 느끼게 해주니 말이다.

내가 불안을 느낄 때면 주변의 모든 것이 나를 압도하여 무겁게 느껴진다. 평소에는 아무렇지 않게 느꼈던 일들도 불안할 때면 거대한 장애물처럼 다가온다. 작은 실수도 큰 실패로 여겨지고, 사소한 걱정이 큰 불안으로 확대된다. 그러나 마음이 안정되고 자신이 있을 때는, 같은 상황도 전혀 다르게 보고 있다는 걸 알았다. 덕분에 불안은 내가 만들어 낸 환상일 뿐이라는 것을 깨달았다. 실제로는 아무것도 아닌 일인데 말이다.

불안은 언제든 나를 찾아올 수 있다. 하지만 모든 것은 그저 거기 그대로일 것이고, 나를 잠시 멈추게 할 수도 있지만, 불안은 환상일 뿐, 나는 기필코 새벽녘의 밝음을 마주할 것이다. 지금 이곳이 해 뜨는 〈라이온 킹〉 초원이 된 것처럼 말이다.

불안하고 무서웠던 나는 어느새 너무 신이 난 나머지 소리를 질렀다.

"너무 좋아!!!" 혹시 자다가 깼다면 미안하다! 심바, 더 자렴.

당신은 해낼 수 있는 사람입니다

이번 순례길 중 가장 높은 고도에 자리 잡은 곳은 바로 지금 걷고 있는 '팔라스 데 레이'로 향하는 길이다. 어둠 속에서 힘겹게 올라온 산등성을 시작으로 마치 평지처럼 광활하게 오르막이 펼쳐져 있다. 그래도 힘들기만 하지는 말라는 뜻인지 적당히 올라왔다 싶으면 평지가 나오고, 적당히 쉬었다 싶으면 다시금 오르막이 나왔다. 약 오르게도 한번 오르막이 시작되면 끝도 없는 경사가 펼쳐진다. 분명 계단 하나 정도에서 시작했는데, 걷다 보니 어느새 계단 5, 6개 높이의 경사각에 마치 암벽을 타는 기분이었다. 엎드려 올라가도 전혀 이상할 게 없는 비탈이었다.

덕분에 숨은 헐떡거렸지만, 한편으로는 쌩쌩한 다리에 놀라움도 느꼈다. 어제 걸어봤다고 그새 단련이 된 건지, 정신력으로 버티고 있는 건지, 아니면 원래 잘 걸을 수 있는 사람이었는지 스스로의 변화가 신기했다. "어쭈, 나 좀 걷는데? 대단하구먼, 이 자식." 괜스레 한 마디 더 해본다. 사실 제일 고생하며 놀라워하는 건 내 몸뚱이 자신일 것이다. 운동을 끊은 지 오래된 몸뚱이인데, 갑자기 4시간 이상을 걸어 다니니, 어찌할 바를 몰랐을 것이다. 그래서 그런지 숙소만 오면 그렇게 잠에 푹 빠져들었다. 밥 먹는 시간 빼고는 정말 잠만 잔 것 같다. 그렇게 스스로 쉼을 선택한 다음 날이면 너무도 잘 걷는 다리를 선사해 줬다. 내가 뭔가 하고자 하니 나를 위해 몸뚱이 스스로가 준비해 주는 것 같다. "내 몸뚱이 살아 있었구나! 간절히 원하니 날 도와주려 너도 진심으로 노력해 주는구나! 고맙다, 야."

새벽녘의 찬 바람인지, 고도가 높은 산등성의 찬 바람인지, 걸릴 것 없는 넓은 평지에 바람이 휘몰아치고 있었다. 〈라이온 킹〉 산등성을 올랐을 때 흘렸던 땀을 말리겠다고 벗어둔 패딩을 다시 입을 수밖에 없었다. 배낭을 풀었다 매는 게 귀찮아 주섬주섬 반대로 팔만 연결해 입었는데 추운 건 매한가지였다. 아무리 비수기라도 이렇게 사람이 없을까? 오늘 만난 것이라곤 컹컹거리던 강아지 한 마리뿐이니, 사람의 온기가 그리웠다. 포기하지 말자. 어차피 앉아서 쉴 곳도 없고, 쉬면 왠지 얼어 죽을 것만 같으니 포기하지 말자. 순례길이 참 좋으면서도 외롭고 심심한 건 어쩔 수 없나보다. '유튜브'로 본 순례길에선 사람들을 많이 만난다고 하는데, 아무리 비수기라도 이렇게 혼자만의 순례길을 즐기게 해줄 줄은 몰랐다. 물론 덕분에 생각도 많이 하고 노래도 부르고, 혼잣말도 많이 할 수 있어 나만의 깊이를 찾는 데 도움을 많이 받았으니 고마워해야 할까? 힘들어 울분을 토하고 싶은데 하소연할 곳이 없는 이 상황에서 마주하게 된 것이 솔직하고 투명한 나였기에, 어쩌면 나의 '진심'을 마주한 것 같기도 했다. 아마 난 지금 그 어느 때보다 진심을 다하고 있는 것이 분명하다.

찬 바람이 더욱더 세차게 분다. 얼마나 추웠으면 잔디도 하얗게 살얼음이 낄 정도였다. '초콜릿 하나 먹을까? 아니야, 12km 때 먹어야지! 참아내자! 곧 도착하잖아' 초콜릿 한 입이면 에너지가 좀 나지 않을까 싶었지만 시작할 때 결심한 나와의 약속 때문에 참을 수밖에 없었다. 오늘 걸어야 할 순례길 거리는 24km쯤 되니 절반인 12km 때 열심히 걸어준 내게 줄 선물로 초콜릿을 준비했기 때문이다. 3km쯤 남았다. 아끼고 아껴서 선물로 주면 내 발도 뿌듯해하겠지. 마침, 2km 남짓 지났을 때, 벤치 하나가 고맙게도 나타났다. 그제야 툭툭 배낭을 벗어 던지고 아주 편안하게 초콜릿 한 입을 베어 물었다. 카카오 85%라 그런지 쓴맛이 강렬했지만 그건 중요치 않았다. 절반을 걸어준 나를 축하해 주는 시간. "너무 고생했다. 멋지다, 이 자식아."

한참을 걸은 끝에 산등성이 같은 곳을 지나, 길게 쭉 뻗은 2차선 도로를 마주했다. 도로를 가로질러 가라는 순례길 표식에, 도로에 놓인 이정표를 보는데 그곳에서 한글을 발견했다.

팔라스
테인에
자유를

'팔라스 데 레이'에 자유를 준다는 건지, 무슨 말인지 잠시 헷갈렸다가 팔레스타인이라는 걸 알아챘다. 아마도 이스라엘과 '하마스 전쟁' 중 팔레스타인을 위해 기도하는 마음으로 써 내려간 것인듯 하다. 묘하게도 그 짧은 글에서 글을 써 내려간 미상의 인물의 에너지가 느껴졌다. 한참을 서서 몇 번이고 읽었다. 그는 순례길을 걸으며, 얼마나 많은 생각을 했을까? 자신만의 신념이 얼마나 진하게 살아 움직였을까? 감히 짐작도 안 될 만큼의 에너지가 그곳에서 느껴졌다. 어떻게 생각하면 사소한 낙서 하나일 뿐인데, 순례길 중간에 쓰인 그 글에서는 아주 굵고 진한 주황빛 에너지가 뿜어져 나오고 있었다. 내가 이렇게 동화되고 있는 걸 보니, 그의 땀 흘린 진심이 내게 와닿은 것 같다. 그것이 얼마나 진심이었으면 이렇게 한 글자에도 내가 힘을 받은 걸까? 아마 지금 내게도 깊은 진심이 뿜어 나오고 있기 때문인 것 같다.

괜스레 나도 에너지를 전달해 주고 싶었다. 마침, 도로를 지난 그곳에 또 하나의 이정표가 있어, 아주 작은 글씨로 지금 나의 온 에너지를 담아 한 글자, 한 글자 적어 내려갔다.

"행복하세요. 당신은 해낼 수 있는 사람입니다."

펜으로 끼적였기에 언젠가 지워지겠지만 이 글을 보는 누군가가 힘을 받는다면 이 글의 임무는 다한 거라 생각했다. 진심이 묻은 응원의 글이 초콜릿의 달콤함처럼 진한 에너지가 풍기길 바랐다.

그 순간 거짓말같이 황금빛 여명이 순례길을 진하게 밝혀주기 시작했다. 아침 햇살은 불이라도 난 듯 아주 새빨갛게 불타오르더니, 너무도 멋지게 평야를 황금으로 뒤덮었다. 아름다웠다. 아직도 서쪽 길은 새벽녘의 안개인데, 내 등 뒤로 타오르는 햇살과 만나 황금빛 여명으로 아주 황홀한 아름다움을 선사해 주었다.

오늘은 정말이지 뭐라도 해낼 것만 같은 벅참이 피어올랐다.

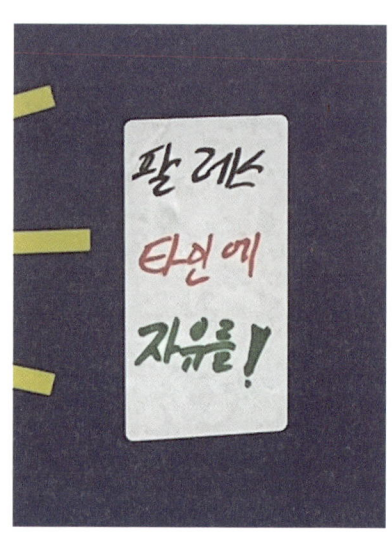

이 글을 보는 누군가가 힘을 받는다면
이 글의 임무는 다했다.

어디선가 불이 난 게 분명해.

표지석

함께 걸어온 질문

Q6. 나는 사람을 돕는 일을 하며 살고 싶은데, 네게 의미 있는 일은 무엇이야?

순례길을 걷다 보면 제일 반갑게 마주하는 것이 있는데, 아마도 묵묵히 서 있는 순례자 표지석일 것이다. 표지석엔 최종 목적지인 '산티아고 데 콤포스텔라'까지 몇 km가 남았는지 알려주는 km 숫자와 순례길 방향을 알려주는 화살표만이 표현되어 있다. 순례자에겐 없어서는 안 될 아주 중요한 정보이니, 아마도 천재지변이 몰아쳐도 그곳을 지켜내기를 바라는 마음으로 돌로 만든 것이 분명했다. 그런 돌덩이는 내게 희망을 전달해 주는 메신저 역할도 겸해줬다.

칠흑 같은 깜깜한 새벽의 순례길에서도, 양 갈래 길에서도, 숨이 벅차올라 잠시 쉬어가려 할 때도, 길이 끊겨 어디로 가야 할지 당혹스러울 때도, 표지석은 마치 '걱정하지 마! 잘 가고 있어'라며 그곳에 서 있어주었다. 올바르게 순례길을 잘 가고 있다는 묵직한 응원을 받는 기분이었다.

이 길을 지나간 많은 순례자들 또한 같은 마음이었을까. 지금은 나 홀로 이 길을 걷고 있지만 수년간 수많은 순례자를 위해 이 표지석은 얼마나 큰 역할을 해주고 있었던 걸까. 나는 지금 옳은 방향을 알려주는 표지석과 앞서간 많은 순례자의 발자취를 따라 앞으로 나아가고 있다. 부딪히고 아파하고 힘들어도 이 길만 똑바로 걸으면 된다는 희망을 주니 이겨낼 수 있는 힘이 생겨났다.

하지만 힘을 내준다 한들, 표지석이 직접적으로 내게 힘을 주진 않는 건 사실이다. 표지석이 내 뒤에서 날 밀어주진 않는다. 털썩 주저앉는다고 내 손을 잡고 끌어당겨 주지도 않는다. 다른 길을 선택한다 한들, 뭐라고 타박하지도 않는다. 어찌 보면 무심히 그 자리에 서 있기만 한 냉정한 돌덩이 그 자체이다. 결국 내 힘으로 한 발을 옮기게 만든다. 그럼에도 표지석 덕분에 안도와 희망 그리고 계속할 수 있다는 무언의 용기를 받았다. 그런 표지석처럼 나 또한 누군가에게 이런 용기를 주고 싶어졌다.

Q. 나는 사람을 돕는 일을 하며 살고 싶은데, 네게 의미 있는 일은 무엇이야?

의미 있는 일을 하며 살고 싶은 소망이 있었다. 내게 의미 있는

일은 나의 성장보다는 누군가의 성장을 돕고 싶어 하는 쪽에 가까웠다. 어릴 때 주야장천 했던 말 중, 내가 삼각김밥을 먹는 한이 있어도, 소중한 사람들에겐 스테이크도 아깝지 않다며 떠들었던 기억이 있다. 사람들이 자신의 변화에 기뻐하고 즐거워하는 모습에 내가 행복했기 때문이다. 늘 뒤에서 그들과 사회에 기여하는 일, 그런 일들을 하고 싶었다. 그것이 내 존재의 의미라고 생각했다. 하지만 늘 그렇게 되기 위해 무슨 일을 해야 할까가 숙제처럼 남아 있었다. 그것들은 '내가 잘하는 일은 무엇일까?'를 고민하는 것만큼이나 어렵고 모호했다.

곰곰이 생각해 본다. '의미 있는 일'의 정의는 무엇일까? 나의 정의로 사람들의 삶을 성장시키는 것이 받는 사람들에게도 의미 있는 일일까? 아니면 그들 스스로가 의미 있는 일을 하는 것이 그들에게 더 중요한 걸까? 나는 왜 그들의 성장을 응원하는 게 내게 의미 있는 일이 됐을까? 그들이 성장하고 기뻐하고 발전하고 서로를 존중하며, 결국 더 나은 세상으로 변화하는 것이 내가 바라온 세상인데, 뒤에서 밀어주는 것만이 답일까? 머리가 아파온다.

옆에서 함께 성장하는 역할이 너무 행복해, 파트너로서 사람들의 잠재 능력을 일깨워 주는 코치 자격증까지 취득했건만 갈 길을 잃어 표지석 앞에서 멍해졌다.

가만히 생각해 보면 우리는 '김연아처럼 되고 싶다. 손흥민처럼 되고 싶다' 특히 나는 '유재석처럼 되고 싶다'라고 생각하며 사는데, 유재석 님이나 김연아, 손흥민의 도움을 받고 싶다고 하지는 않는다. 유재석 님은 거기 그냥 우두커니 자기 일하면서 서 있을 뿐이고, 나 또한 유재석 님 곁에 다다르기 위해 오늘도 노력할 뿐이다. 표지석도 마찬가지다. 날 밀어주지도, 당겨주지도 않고 그저 먼저가 우두커니 서 있을 뿐이다.

아…. 사람의 성장을 돕는다는 건, 내가 먼저 경험해 보고, 만들어 내보고, 먼저 가 그 자리에서 묵묵히 응원을 해주는 것이구나. 정답은 아니지만 해답지 같은 좋은 모습을 보여주는 것. 어쩌면 내게 의미 있는 일은 뒤에서 케어해 주는 것이 아닌 내가 먼저 우뚝 서 있어야 된다는 것을 깨달았다. 그렇다면 나도 내가 가는 길에 표지석을 세워둬야겠다.

"이 방향이 맞아 그러니 잘 따라와, 힘들면 쉬어도 돼. 대신 힘이 날 때 다시 힘내서 꼭 와! 내가 먼저 가 중간중간 표지석을 세워 둘 테니 날 믿고 힘내서 와. 혹여 다른 길을 가더라도 괜찮아. 너만의 길을 걷다 필요하면 다시 찾아오면 되니깐. 네가 네 힘으로 내 곁까지 와 준다면 내겐 그것만큼 뿌듯한 것도 없겠다. 힘내줘!! 나도 힘내서 더 열심히 앞서가고 있을게."

순례길 표지석처럼 내가 하는 일에 묵묵히 발자취를 남겨야겠다. 누군가 그 길을 발견해 힘을 얻어 간다면 나에게 있어 그것으로 충분히 의미 있는 일일 것이다. 내 작은 소망은 이 책을 읽고 한 사람이라도 순례길을 간다면 내 할 일을 다 한 거라 생각한다.
나의 표지석엔 뭐라고 쓰여 있을까?

걱정 마. 잘 걷고 있으니.

씨 셀 씨 셀;
음식과의 전쟁

'팔라스 데 레이'까지 5km 남짓 남은 곳에서부터 괜히 화가 나기 시작했다. 쌩쌩하다고 생각했던 체력이 점점 바닥을 치면서 예민해진 건지, 덩달아 음식에 대한 불만이 솟구쳐 올랐다.

"생각해 보니 여기 와서 제대로 먹은 게 뭐야?? 딱딱한 빵 쪼가리에, 점심도 묘하게 맛없고 느끼하고, 거의 하루 한 끼만 먹는 수준인데 이러기 있어?? 스페인…. 스페인!!! 오늘은 제발 제대로 된 식당 좀 나타나라!!!"

화가 아주 단단히 났다. 스페인 와서 기억에 남을 만한 음식은 아쉽지만 단 하나 없었다. 되려 안 먹어도 될 것들을 추천해 주는 것이 빠를지도 모르겠다. 친구가 이런 날 보고는 음식에 대한 화남이 그라데이션으로 올라가 보인다고 할 정도니 말이다.

"내가 뭘 먹었지?? 마드리드에선 아주 짜고 작은 파이브가이즈 햄버거, 다음날 조식으로는 딱딱한 빵이랑 따뜻한 우유에 시리얼…. 점심으로는 작디작은 게살 타파스랑 이름 모를 생선 타파스 2개, 어제는 웜 수프라고 믿고 시켰지만, 요상하게 느끼한 누들 수프와 설익은 햇반…. 오늘 아침에도 딱딱한 빵을 먹었잖아! 든든한 것 좀 먹고 싶다…. 탕! 국밥!! 이런 건 없나?" 그때는 몰랐다. 딱딱한 빵이 아주 노멀하고 행복한 빵이었다는 사실을. 오늘이 최악의 음식으로 정점을 찍을 날일 줄은.

오늘은 기필코 나를 위해 맛있는 음식을 선물해 주겠다며 숙소에 도착하자마자 눈에 불을 켜고 동네를 구경했다. "숙소 바로 옆에 있어 보이는 식당 하나, 5분 거리에 술집 하나…. 이건 동네 술집 같은 곳이라 패스. 그래, 그냥 숙소 옆에 있는 곳에 가자." 그곳은 오픈 주방에 인테리어도 깔끔하고 고급스러운 냄새가 물씬 나는 믿음직스러운 곳이었다.

따뜻한 국물로 내 몸을 위로해 주고 싶었다. 웜 수프가 있는지 물어보니, 3유로 정도 추가하면 쿨 수프를 웜 수프로 바꿔준다고 하여 냉큼 시켰다. 그리고 이상한 걸 시켜서 입맛만 버리고 싶지 않아, 이것만큼은 별 탈 없겠지 싶어, 오믈렛을 시켰다. 무려 트러플 오믈렛. 이것마저 이상할 리 없겠지? 배도 고프니 하나만 더 시키자며 욕심내서 오리고기와 하우스 와인까지! 너무나 완벽했다.

식당에서 인기 스타가 된 순간이었다. 옆 테이블에는 둘이 와서 각자 하나씩 먹거나, 혼자 온 손님은 나와 같이 웜 수프에 고기 들어간 샐러드 정도만 먹고 커피 한 잔으로 마무리하는 정도였는데 나 혼자 무려 메인 요리 3개에 와인까지 시켰으니! 세상 VIP가 따로 없었다. 재밌게도 이번 여행 중엔 매번 이렇게 많이 주문할 때마다 가게 사장님이 직접 오셔서 말을 걸어주셨다. "쌩큐 쏘 마치." 그렇습니다. 제가 그 대식가입니다. 잘 먹고 싶다는 보상 심리 때문인지, 아니면 제대로 먹어봐야 하루 한 끼 식사에 대한 허기짐이 불러온 화인지, 괜찮은 식당이라 하면 이것저것 많이 시켜 먹는 버릇이 생겨버렸다.

이번 웜 수프도 역시나 잘려 있는 누들과 미트볼, 병아리콩이 함께였다. 잘려있는 누들은 이 나라 전통인가 호기심이 들 정도다. 그래도 이틀 연속이라 적응해 버렸는지, "무슨 맛인지 모르겠어…. 이게 무슨 맛이야."를 연신 내뱉으면서도 맛을 음미했다. 맛은 차치하고 배가 너무 고파 식전 딱딱한 빵을 찍어 먹기 좋았다. 메인 요리가 나오기 전 빵 조각 5개를 끝내버렸다.

뒤이어 나온 '트리플 트러플 오믈렛'은 계란의 폭신하고 안정적인 맛이었다. "휴~ 정말 천만다행이다." 그러나 긴장을 풀어선 안 됐다. 트리플 트러플이라 그런지 느끼함을 이루 말할 수 없었다. 지금 내 상태가 별로인가? 모든 음식이 느끼해서 몸 둘 바를 모르겠다. 오리고기 위엔 굵은소금 덩어리가 잔뜩 뿌려져 있어 느끼함과 짠맛의 콜라보였다. 단 한 번도 음식 걱정이 없던 나에게 스페인의 강력함은 이루 말할 수 없는 힘듦이었다. 순례길의 고통이 덜했나? 헝그리 정신이 없었나…. 무려 50유로(약 7만 원)의 가격표는 내게 더 큰 충격을 주었다.

그 사건 이후로부터 한숨 푹 자고 저녁이 되고서는, 저녁만큼은 평범한 거 먹지 싶어 호불호가 없는 햄버거 파는 식당을 찾았다. 오랜만에 먹는 콜라는 그 어떤 음식보다 원더풀했다. 탄산에 내 마음도 사르르 녹아내렸다. 그러나 햄버거 패티 소스가 양치한 내 속을 다시금 느끼함으로 인도하는 것이다. "아니…. 이 나라는 나랑 정말 맞지 않는 건가???" 햄버거의 반의반만 먹고는 더 이상 먹지 못하겠다 싶었다. 그래도 아까워 햄버거 안에 든 슬라이스 된 생토마토와 양상추만 빼먹으니, 주인이 이상하게 쳐다봤다. 미소를 띠며 굿굿, 엄지척 하고는 배부른 척 도망쳐 나왔다.

그날 밤 그라데이션으로 화가 나는 음식의 고통을 인스타에 올렸다. 음식으로 힘들어하는 날 어여삐 여기신 산티아고 유경험자 PT 선생님이 DM을 보내 주셨다. "음식을 먹을 땐 꼭 '씨 셀'이라고 외치세요." 바로 소금을 빼달라는 간곡한 부탁이었다. 스페인은 소금 덩어리의 나라였구나? 다음엔 기필코 "씨 셀 씨 셀!!!" 외치고 시작해야겠다.

오늘은 정말이지 컵라면에 소주 한잔 생각나는 밤이다.

어디서부터 잘못된 걸까.

고된 하루의 끝

순례길은 생각보다 일찍 끝이 난다. 이른 6시부터 걷기 시작하면 빠르면 10시, 늦으면 11시쯤 숙소에 도착한다. 24시간 중에 고작 4~5시간 걷는 것인데 심적으로는 24시간을 풀로 쓰는 느낌이 든다. 나는 시간을 블럭 단위로 나눠 쓰는 자기 계발 모임을 운영하는 사람 아니겠는가, 나머지 약 20시간을 알차게 보내야겠다는 생각으로 숙소에 들어오면 늘 글을 써야겠다고 다짐했다. 하지만 잠에 빠져들기 바빠, 지금까지 단 한 번도 글을 써본 적은 없었다. 그래도 오늘만큼은 생각하고 느낀 것이 많았는지 꼭 남기고 싶은 마음이 한가득이었다. 걸으면서 느꼈던 감정, 떠오르는 생각들, 그렇게 혼자 떠들었던 말들을 주워 담아 써 내려가고 싶어졌다.

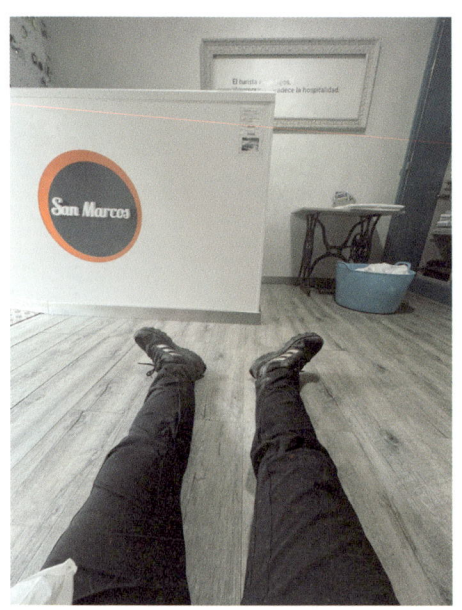

　숙소 1층에 놓인 메인 홀로 아이패드를 들고 쫄래쫄래 걸어갔다. 소파 공간도 있고, 8인용 식탁 8개 정도가 줄 서 있는 꽤 널찍한 공간이었다. 테이블마다 90도 인사하듯 고개를 숙여 콘센트 자리를 찾아다니다 겨우 한 곳을 찾아냈다. 드디어 무겁게 배낭 한편을 장식했던 아이패드의 진가를 발휘할 때가 온 것이다. 마트에서 산 콜라와 손가락 크기만 한 작디작은 바나나 2개 그리고 아이패드를 가지런히 두고 털썩 기대앉았다.

　'털썩'

편안했다. 오늘도 잘 걸었고, 식사는 나름대로 배가 찼으니 그걸로 됐고, 숙면한 덕분인지 정신은 말똥해졌다. 숙소에 있던 세탁기와 건조기 덕분에 옷은 깨끗해졌고, 흙투성이인 신발도 빨았다. 해야 할 일들은 모두 마치고 뽀송뽀송한 잠옷을 입고 나온 상태이다. 그리곤 내가 그렇게 하고 싶었던, 생각한 것들, 남기고 싶은 것들, 말하고 싶은 것들을 글로 써 내려갈 수 있는 시간이 왔다. 편안한 자세, 편안한 상태, 편안한 마음으로 제일 편안한 곳으로 풍덩 빠져야겠다.

'풍덩'

지금 여기 '팔라스 데 레이'에 처음 도착했을 때는, 체크인까지 10분 이른 시간이었다. 그럼에도 쉬고 싶은 마음에 숙소를 제일 먼저 찾았다. '입구가 어디지?' 1, 2층 모두 출입구가 있던 건물의 메인 입구를 찾느라 숙소 주위를 뺑뺑 2바퀴를 돌았다. 겨우 찾은 메인 입구는 2층에 있었다. 빨리 쉬고 싶은 마음에, "익스 큐즈미~." 하며 이리저리 불 꺼져 있던 숙소를 탐방했다. 생각보다 크고 깔끔했다. 혼숙 도미토리 형식의 방이라 2층은 6인실, 8인실 방이 있었고 1층에 내려가 보니 큰 공용 공간이 있었다. 그때였다. 스페인 할아버지가 빼꼼하고 나오셨다.

"올라~ 체크인하고 싶은데 괜찮을까요?" 할아버진 영어를 못 하신다며, 다섯 손가락을 쫙 펴 뭐라고 말씀하시는데, 아마도 5분만

기다려 달라고 하시는 것 같았다. 피차 스페인어를 못하는 나이기에, 함께 다섯 손가락을 펴서 고개를 끄덕이곤, 눈치껏 카운터 쪽에서 기다리겠다고 했다. 할아버지도 잘 알아들으셨는지 따봉을 날려주시며 벽에 쓰여 있는 와이파이 비번을 알려주셨다. '뭐지 이 할아버지의 센스는?' 와이파이는 만국 공통 필수임이 분명하다. 할아버님께 쌍 따봉으로 인사를 전했다.

'털썩'

할아버님이 가시고서야 배낭을 벗고 땅바닥에 털썩 주저앉았다. 바닥이 깨끗하고 더럽고는 내겐 아무 문제가 아니었다. 드디어 2일차 순례길이 끝이 났다. 털썩 앉은 그 순간, 하루의 고됐던 모든 순간이 한순간에 사라지고, 남은 것은 오로지 평온함뿐이었다. 마치 누군가 수고했다고 말해주는 듯한 그 작은 털썩 소리는, 오늘의 피로를 씻어내 주었다.

오늘은 진심을 다해 걸었던 것 같다. 어느새 익숙해진 길에 조금은 즐길 줄 아는 편안함 속에 자만하지 않고 오로지 걷는 것에 집중하며 걸었던 것 같다. 몸도 긴장이 풀렸는지 이제야 이곳저곳 욱신거리기 시작한 걸 보면 정말 진심을 다했던 것 같다. 너털웃음이 절로 난다. 에너지가 다 빠져버렸던 것 같은데, 되려 온몸에 힘이 빠지며 편안함 속에 풍덩 빠져 에너지가 쌓이고 있다. 내가 진심이었던 것. 온 힘을 다했던 것. 그래서 깊고 진한 편안함에 이르렀던 것 같다.

'풍덩'

오늘의 순례는 여기서 끝이다. 내일을 위해 푹 쉬어야겠다.

오늘의 거리

- 장소: Portomarin to Palas de Rei
- 거리: 24km
- 시간: 4시간 58분 19초

혹여 다른 길을 가더라도 괜찮아,
너만의 길을 걷다 필요하면 다시 찾아오면 되니깐.

아침 햇살의 생기발랄한 그곳에 반해버렸다.

📍 **장소** 팔라스 데 레이(Palas de Rei) - 아르수아(Arzua)
📍 **거리** 30.84km
📍 **시간** 6시간 31분

Santiago de Compostela

Portomarín

O Pedrouzo Arzúa Palas de Rei **Sarria**

○ Porto

비 오는 거리

혼성 도미토리의 아침이 밝았다. 3개의 2층 침대가 나란히 놓인 방에서, 나는 첫 번째 날 만난 파키스탄 순례자와 나이 지긋한 여성 순례자와 함께였다. 산티아고 순례길에서는 두 번 이상 마주치는 순례자가 있다는 말을 들었지만, 이렇게 다시 만나게 될 줄은 몰랐다. 그렇다 한들 용기 내 말 한마디 걸어보진 못했다. 조금 더 대담해질 걸 그랬나. 영어가 짧은 나를 잠시나마 원망했다.

산티아고를 준비할 때 제일 걱정했던 것은 바로 도난의 위험이었다. 바르셀로나는 아주 심하기로 유명하고, 산티아고 순례길에서도 간혹 있다 하니 조심 또 조심하라는 사람들이 많았다. 그래서 필수로 챙긴 것이 철통 보안을 자랑하는 보조 가방과 자물쇠였다. 보조 가방은 나조차 한번 풀려면 시간이 걸릴 만큼 3중 로킹으로 되어 있고, NFC 보안은 물론 칼빵에도 뚫리지 않게 와이어 커버로 된 아주 믿음직스러운 녀석이었다. 자물쇠는 앞서 말했듯 기차에서 짐 보관함만을 터는 좀도둑이 있다고 하여 묶어놓을 용도로 샀다. 최근 우리나라도 기차 정차역마다 타서 짐 보관함의 짐만 훔쳐 가는 사람이 생겼다 하니, 좀도둑이 많다는 유럽은 얼마나 심할지 걱정이 많았다.

그래서인지 두 곳의 알베르게엔 개인 로커가 필수로 있었다. 하지만 이곳 로커는 생각보다 매우 작았다. 손목부터 팔꿈치까지 정도 되는 길이의 정사각형 한 칸이 5개 층으로 된 철제 로커였다. 내 짐을 다 넣기엔 턱없이 부족했다. '흠…. 중요한 것만 넣어야겠네' 여권과 돈이 있는 보조 가방 그리고 아이패드를 넣고는 잠그려고 한순간, 생각지도 못한 난관에 부딪혔다. 로커 구멍이 자물쇠가 들어가지도 않을 만큼 턱없이 조그마한 것이었다.

"이런…. 그냥 둬도 괜찮으려나? 누가 훔쳐 가려나? 어쩌지…. 계획 변경이다. 중요한 물건은 베개 밑에 두고 자고, 배낭이나 옷가지들은 침대 바닥에 깔고 자야겠다. 그럼, 티도 안 나고 훔쳐 가지도 않겠지. 아주 훔쳐 가기만 해봐라 두 눈 시퍼렇게 뜨고 지켜볼 테니깐!" 그러곤 누가 업어가도 모를 정도로 세상 딥하게 자버렸다. 누가 물건을 가져가도 딱히 할 말 없을 정도로 말이다. 정작 그 방 안에서 꽁꽁 싸매고 걱정한 건 나뿐이었다. 남자 순례자분은 바닥에 짐을 널브러트려 놨고, 내 맞은편 여성 순례자분은 옷걸이에 속옷도 걸어놓고 비어 있는 2층 침대 위쪽에 짐을 펼쳐놨다. 정말이지 아무도 내게 관심도 없이 세상 편해 보였다. 나 혼자서만 긴장하고 있었다는 사실이 그저 웃기게 느껴졌다.

새벽 5시, 모두가 잠들어 있는 이 시간에도 제발 내게 관심이 없기를 빌었다. 아침 일찍 순례길을 떠나야 했기에 다른 순례자들을 깨우지 않으려 조심스레 핸드폰 플래시를 켜곤 주섬주섬 모든 짐을 안고 화장실로 직행했다. 비염 수술을 받은 지 얼마 안 된 상태라 아침저녁마다 코 청소가 필수였다. 오늘도 출발 세리머니로 기분 좋게 코 청소를 시작하려던 찰나. 샤워기엔 온수가 나오는데 무슨 이유인지 세면대에선 온수가 나오지 않는 것이다. 코 청소 용기에 온수를 받아 소금을 타야 하는데 몹시 당황스러웠다. 하필이면 샤워기는 천장에 고정된 큰 원판형 샤워기라 온수를 틀어놓곤 한 방울 한 방울 받을 수밖에 없었다. 받아지는 온수는 아주 미비했고, 웬걸 사방팔방 튀는 물 덕분에 절로 샤워가 되니 아주 미칠 노릇이었다.

아침부터 혼자만의 버라이어티쇼를 펼치곤 1층 로비로 향했다. 오늘은 아침을 여는 식당이 없기에, 어제 사놓은 과일과 초코바로 배를 채워야 했다. 오늘은 '팔라스 데 레이'에서 '아르수아'까지 이번 순례길 중 가장 긴 28.5km를 걷는 날이다. 다행히도 중간에 '메르데'라는 도심이 있어, 거기에서 점심 먹고 쉬었다 가면 괜찮을 거라고 마음을 다잡았다. 14km씩 나눠 걸으면 괜찮을 테니깐 말이다. 나의 계획은 완벽했다. 문밖을 나서기 전까진.

어제와 같이 배낭을 메고 한 손엔 랜턴을 들고 문밖을 나섰더니, 아니나 다를까 비가 오고 있었다. "어??? 뭐야…." 만나지 않았으면 한, 비 오는 산티아고를 마주하게 되다니. 황급히 네이버에 '산티아고 날씨'를 찾았다. 해가 아주 쨍쨍한 산티아고 날씨를 소개해 주는 것이다. "뭐지 이거? 산티아고 도심은 해가 쨍쨍한가? 여기만 이런 건가?" 혹시나 하고 자세히 보니 아뿔싸. 내가 본 산티아고는 칠레 산티아고였다. 그러니 당연히 해가 쨍쨍할 수밖에!!! 뒤늦게 스페인 산티아고 날씨를 치니, 90% 확률로 비가 온다는 것이다. 그것도 며칠 동안…. 여행 시작 전부터 칠레 산티아고 날씨만을 보고 신나 했던 내가 참 바보 같았다.

허탈한 한숨과 함께 별수 없이 배낭을 다시 풀고, 꺼내기 싫었던 우비를 꺼내 들었다. 우비는 배낭까지 덮는 아주 큰 사이즈였는데, 혼자 입으려니 우비가 배낭에 걸려버리는 것이다. 우비를 들춰보고, 점프도 해보고, 펄럭 펼쳐서 들어가 보려고 해도 여간 제대로 입어 지지가 않았다. "하…. 이거 하나 똑바로 하지도 못하다니…." 이런 상황이 너무 어이없어 웃음이 났다. 다행히 식사하러 나온 한 순례자가 있어, 불쌍한 미소와 함께 우비를 펄럭이며 '이것 좀 이렇게' 수신호를 보내니 흔쾌히 도와주셨다. 덕분에 겨우 우비를 입게 됐다. 그라시아스.

　마음을 다잡고 알베르게 문 앞에 우두커니 섰다. "비 오는 산티아고라…. 처음 해보는 경험이라 왠지 모르게 신나는데? 내가 또 이런 경험도 해보는구나…." 영화 속 주인공이 된 것처럼 생각하니 기분이 좋아지기 시작했다. 하지만 그땐 몰랐다 이 웬수 같은 비와의 끈질긴 인연이 펼쳐질 앞날을.

고민의 재정의

함께 걸어온 질문
Q7. 자기 내면의 소리를 따르는 것이 중요하다고 생각하나요?

비가 하염없이 내린다. 쏴아아악. 등에는 배낭, 앞에는 보조 가방, 그 위로 배낭을 덮어쓴 우비 그리고 한 손엔 물통 든 비닐봉지, 다른 한 손엔 랜턴을 들고 터벅터벅 비 오는 거리를 걷는다. 내겐 어릴 때부터 한 가지 로망이 있었다. 그렇게도 비 오는 거리를 우산 없이 뛰어다니고 싶어 했었다. 중학생일 때였나? 우산을 안 가져왔다는 이유로 학교에서부터 집까지 우산 없이 뛰어가는데, 왠지 모를 자유를 느꼈던 기억이 난다. 정신 나간 듯이 웃음도 나고 신발도, 옷도 더러워지니 되려 피해야 한다는 압박에서도 자유로워지는 그 마음. 마치 물속에 풍덩 빠지면 그곳엔 고민과 걱정, 생각들이 없어지는 마법 같은 순간이 내게는 비를 맞은 그 순간이었다.

그래서 우비 위로 비를 맞는 지금, 순박한 어린아이처럼 신이 나 버렸다. 사실 비가 너무 많이 와서 고개를 추켜들 수조차 없었음에도 나의 흥을 막을 순 없었다. 흥얼거리는 박자에 맞춰 양팔을 넓게 휘저으며 아주 자유롭게 이리저리 뛰어다녔다. 아마 주위에 순례자가 있었다면 어깨동무하며 신나게 쩌렁쩌렁 노랠 부를 기세였다.

앞서 겁을 냈던 것이 무색할 정도로 이런 산티아고 길이라면 언제든 환영이었다. 그렇게 신이 나던 찰나, 이제 남은 날이 이틀밖에 남지 않았다는 사실이 번쩍 스쳐 갔다. "벌써 3일째라고? 아 진짜 얼마 안 남았네. 5일이 생각보다 짧긴 짧구나." 터벅터벅 진흙 길을 걷던 나는 우두커니 제자리에 서버렸다. 지금의 공기, 온도, 습도, 냄새까지 놓칠 수가 없었다. 오밀조밀한 나무에서 풍기는 이 기운. 어디서도 볼 수 없는 이 초록초록한 진한 색들. 물을 머금은 진흙 냄새. 그리고 내 피부를 감싸고도는 따뜻하면서도 시원한 이 공기마저 소중해졌다.

"다시 올 수도 있겠지만 어쩌면 다시 올 수 없는…. 아니 다시 오더라도 지금의 내가 아닌 또 다른 나이기에, 지금, 이 순간은 다시 오지 않는다. 더 눈에 담고 더 즐겨야겠다."

그때부터였다. 절뚝거리는 다리 때문인지, 눈에 더 담고 싶은 마음 때문인지 걸음 속도가 천천히 줄기 시작했다.

새벽녘의 어둑했던 길에 이제 막 해가 뜨기 시작했다.

"그럼, 이제 슬슬 친구들이 나눠줬던 고민들을 풀어볼까?" 이틀 밖에 안 남은 시점에 숙제처럼 남겨져 있던 친구들에게 부탁한 그들만의 고민과 질문들을 꺼내보기로 했다. 그 순간 불현듯 고민이란 단어에 심오히 빠져버리게 됐다.

고민은 왜 하는 걸까? 고민은 무엇일까? 고민은 왜 부정적인 느낌일까? 우리는 늘 '무엇이 안 되는데 걱정이다' '어떻게 잘 살아가야 할지 모르겠다' '잘하는 일을 찾고 싶은데 어떻게 해야 할지 모르겠다'라며 수없이 많은 고민을 한다. 이러한 고민은 불안과 두려움을 안고 사람을 무기력하게 하는 데 일가견이 있다. 그 순간 비 오는 거리가 햇살에 비쳐 흑백의 세상이 하나둘, 색으로 입혀져 갔다. 모든 건 다 그대로였는데, 숨어 있던 색들이 꽃피듯 알록달록 입혀지고 있었다.

고민도 그렇지 않을까? 고민의 이면에는 우리가 진정으로 원하는 것이 무엇인지, 알고 싶어하는 내면의 소리가 숨어 있는 것 같다. 부정적인 뉘앙스를 띄고 있지만 사실 '어떻게 해야 좋을까?'처럼 나의 목표를 실현하기 위해 필연적으로 발생하는 것이다. 모든 것이 부정적일 수만은 없어 보였다. 나아가고 싶다. 행복하고 싶다. 잘 해결해 보고 싶다. 고민은 절대 자신을 타박하기 위해서만 존재하는 것이 아닌, 알록달록 꽃피우고 싶은 내면의 욕구가 숨어 있는 가장 솔직하면서도 자신과는 내외하는 존재인 것 같다.

Q. 자기 내면의 소리를 따르는 것이 중요하다고 생각하나요?

우린 고민이란 겉껍질 속에 내면의 욕구를 숨겨놓고 있던 게 아닌가 싶다. '내가 산티아고를 걸을 수 있겠어?'라는 확신 없는 부정적인 고민 속에는 '산티아고를 걷고 싶은데 방법이 없을까?'라는 산티아고를 갈망하는 희망적인 고민이 있고, 또 그 안에는 '산티아고를 걸음으로써 정말 성취하고 싶은 내 생애 첫 성공을 만들어 내고 싶다'라는 나의 내면 욕구가 존재하는 것처럼 말이다.

우리는 사실 숨어 있는 내면의 욕구를 찾아서 반드시 더 나은 삶을 더욱 충만하게 만들어 줘야 한다는 미래지향적이고 희망적인 생각으로 가득하다. 하지만 현실에서는 희망을 고민으로 탈바꿈하여, 자신을 한심스러워하며 더욱 싫어하는 게 아닌가 싶다. 긍정을 잃은 채 부정만을 각인하는 희망 고문을 스스로 자행한다.

고민은 사실 내가 더 나아지고자 하는 긍정적 고민이며, 그 고민의 뿌리는 내면의 욕구와 소리임을 잊어서는 안 될 것 같다. 지금 우리가 하는 부정적인 이미지의 수많은 고민들은 솔직한 내면의 욕구를 대변하는 것일 수도 있으니 말이다. 내겐 고민이란 단어는 이제 더 이상 부정적이지 않으며, 결국 우리의 삶을 지탱해 주고 더 나은 미래를 향해 나아가게 하는 원동력임을 깨달았다. 질퍽거리고 힘겨웠던 오늘의 길이 자연 친화적인 아름다운 길로 인식되기 시작한 순간이었다.

지금의 공기, 온도, 습도, 냄새까지 놓칠 수 없었다.

길을 잃다

함께 걸어온 질문

Q8. 지금까지 하던 일 말고, 왜 다른 것을 찾으려고 하셨나요?

해가 뜨긴 했지만 우거진 숲길은 여전히 어둑하다. 한 손엔 랜턴, 다른 한 손엔 물통이 든 비닐봉지를 든 채 길을 걸었다. 랜턴 불빛이 닿는 곳만이 밝아지니, 아무래도 내가 제대로 길을 가고 있는지 알기 위해선 내비게이션의 힘이 필요했다. 중간중간 내비게이션 확인을 하려면 우산 없이 핸드폰을 봐야 하므로 핸드폰을 주머니에 넣었다가 꺼내기를 반복할 수밖에 없었다. 동시에 비 때문인지 터치가 잘 되지 않아, 살짝쿵 불편한 짜증도 올라오기 시작했다.

자유로운 손이 필요했다. 당장 먹지도 않을 물통을 버리고 싶은 지경이다. 그렇다고 이 아까운 물을 버릴 수 없기에 우비 안으로 비닐봉지를 주섬주섬 넣어 앞쪽에 있던 보조 가방에 묶어버렸다. 달랑

달랑하긴 하지만 손만큼은 자유로워졌다. 핸드폰도 자유롭게 쓸 수 있게 되어 이제 좀 편안해진 것 같다. 랜턴 불빛 안으로 들어온 표지석 덕분에도 길을 잘 걷고 있다는 생각에 마음이 한결 나아졌다.

'투두둑'

결국엔 얼마 못 가 다리 사이로 비닐봉지가 떨어졌다. 물통 무게를 견디지 못해 비닐이 풀려버린 것이다. "어휴…." 뭐 어쩌겠나. 다시 묶어야지. 이번에는 최대한 깊숙이 비닐 몸통까지 묶고 또 묶어 덜렁거림이 덜해질 정도로 단단히 동여맸다. 그 순간, 나도 모르게 희미한 웃음이 났다. "그래 이 모든 게 다 추억이지 뭐~ 걷자 걸어." 우비 사이사이로 비가 들어와 옷이 다 젖어도, 진흙을 밟아 신발이 더러워져도, 산티아고를 걷는 자의 어쩔 수 없는 숙명이자 어디에서든 경험하지 못할 특별한 순간이기에 그저 웃음이 났다. 마음을 놓으니 그렇게 편할 수가 없다.

이제는 그냥 이 자연 속에 나를 맡겨버리고 싶어졌다. 랜턴이 비치지 않는 곳은 칠흑처럼 어두웠지만 길은 어차피 하나이고, 표지석이 있으니, 내비게이션은 보지 않아도 되겠지 싶어, 그때부턴 핸드폰을 보지 않고 걷기 시작했다. 그래도 비는 여전히 거셌기에, 최대한 우비 사이로 비가 들어오지 않게 45도로 고개를 숙이고 자연스레 랜턴도 땅만을 비추며 걸었다. 역시나 별 탈 없이 길은 이어졌고, 가벼운 마음에 흥얼거림과 혼잣말이 부쩍 많아지기 시작했다.

그렇게 한참을 걸었을까. 드디어 우거진 숲길의 끝이 보이기 시작했다. 때맞춰 날도 서서히 밝아졌다. 그 순간 뭔가 싸한 기분이 들었다. "잠깐만. 내가 표지석을 봤었나?? 한참을 못 본 거 같은데?? 직진 코스라 없었나??" 혹시나 하는 마음에 갸우뚱하긴 했지만 그렇게 또 한참을 걸었다. 걷다 보니 우두커니 날 반겨줬을 표지석이 안 보이고 있다는 걸 깨달았다. 갑자기 몰려오는 불안 속에 허겁지겁 우비를 뒤적거리며 주머니에 고이 모셔둔 핸드폰을 꺼내 들었다. 빗물에 흥건해진 액정 덕에 터치가 안 돼 우비 안으로 핸드폰을 다시 넣고 옷으로 연신 액정을 닦고 다시 구글맵을 켰다. 하지만 여전히 터치가 엉망이라 구글맵 켜는 것조차 한세월이 걸렸다. 몇 번을 터치해도 들어먹지 않으니, 짜증이 솟구친다. 그 와중에 확실한 건 하나였다. "아뿔싸. 이 길이 아니네…" 길을 잃은 것이다. 언제부터였을까? 분명 놓친 표지석은 없었을 텐데…. 말로 표현할 수 없을 정도로 답답함이 올라오기 시작했다.

뒤로 가자니 한참을 다시 걸어야 하고, 앞으로 가자니 어떻게 가야 할지도 모르겠다. 하늘은 어디로 가야 할지 생각할 시간도 주기 싫은 건지, 하염없이 비를 퍼부었다. 핸드폰은 자꾸 스스로 켰다 꺼지기를 반복하기 시작했다.

아우!!! 좋았던 감정은 화로 변화되면서 이제는 뭔가 서러운 감정까지 솟구쳐 오르기 시작했다. 지금까지 순례자 단 한 명을 만나보지 못했으니 우거진 숲길에 도움을 받지도, 어디로 요청해야 하는지도 모르는 이 상황이 답답하면서 외로워지기까지 했다. "어휴 이 명

청한 놈~."

"어쩌겠어. 걸어야지." 그래도 앞으로 걸으면 답은 나오겠지 싶어 걷기 시작했다. 한참을 걷는데, 세상 감사하게도 저 앞에 0.5평 정도 돼 보이는 판자 지붕이 나타난 것이다. 이게 왜 여기 있나 싶을 정도로 생뚱맞긴 하지만 내겐 아주 크고 안락한 궁궐과도 같은 곳이었다. 지금 생각해 보니 아마도 '동키'가 지나가다가 잠시 짐을 놓고 쉬는 공간이지 않을까 싶다. 판자로 된 조그마한 정거장 느낌 정도.

판자 지붕 덕에 잠시나마 여유가 생겼다. 그 와중에 이 상황을 적나라하게 남기겠다며 영상을 키곤 하소연을 퍼부었다. "여러분! 이 비가 보이시나요? 이렇게 비가 오는데, 세상에 길까지 잃었어요. 주변엔 정말 아무것도 없고요. 어디로 가야 할지도 모르겠고, 핸드폰은 물먹어서 말도 안 듣고 죽겠네요." 누구에게 전해질지 모르지만, 이 서러운 감정을 토해내고 싶었다. 더 억울한 건 영상을 찍으려니 비가 잠시 소강되는 것이다. 이 억척스러운 상황을 남겨야 하는데 정말 이 웃픈 상황을 어떻게 표현해야 할지 모르겠다.

구글맵을 보다 보니 다행히도 순례길과 이어지는 길을 찾았다. 우좌 좌좌우. 우회전 한 번 하고 좌회전 세 번에 우회전 한 번이면 순례길과 만난다. 이 판자 지붕을 나서면 분명 핸드폰을 못 볼 테니, 인간 내비게이션이라도 되어야지 하는 마음으로 연신 "우좌 좌좌우, 우좌 좌좌우."라고 소리를 쳤다. 나름의 '파이팅'과 맞먹는 다짐이랄까. 자, 다시 가자!!

  날도 이제 밝아졌겠다. 랜턴은 보조 가방에 넣어두고 양손 가볍게 길을 나섰다. 우좌쯤 지났을까? 문득 궁금해졌다. 이 길은 무슨 길일까? 생각해 보니 순례길 주변으로 어떤 마을이 있는지? 누가 사는지? 지역 주민들은 누구인지 전혀 알 길이 없었다. 너무 내 갈 길만 걸었구나. 주변을 살필 여유조차 없었구나. 그런 마음이 드니 되려 한 명 남짓 걸을 수 있는 흙길로 된 새로운 길이 더욱 반갑고 매력적으로 느껴졌다. 그렇게 다시 좌회전할 찰나, 또 길을 잃어버렸다. "이상하다…. 분명 좌회전이 나와야 하는데 웬 우사가 여기 있지?" 이상하리만큼 어느 우사를 향하는 길만이 놓여 있었다. 우사만의 특유의 소똥 냄새가 비와 만나 촉촉하게 내 코를 지독하게 괴롭히지만, 그것은 중요한 게 아니었다. 혹시나 우사를 통과하면 뭐라도 나오지 않을까 싶어 나의 감각을 믿고 걷고 또 걸었다. 역시나 그곳엔 길은 없었다. 때마침 농장 주인분이 일하고 계시기에 부리나케 찾아가 구글맵의 순례길을 지목하며 물었다. "여기로 가고 싶은데 어디로 가면 길이 연결되나요?" 안타깝게도 내 영어 실력이 별로인지, 자신은 영어를 못하신다며 스페인어로 숄라숄라 하시며 "휘이휘이~." 저 멀리 손짓하시는 것이었다. 누가 봐도 순례자 코스프레를 하고 있는 내가 길을 잃어버린 것을 단번에 알아차리신 눈치였다. 나도 같이 가방을 툭툭 치고 휘이휘이 손짓하며 "이 길로 걸으면 되나요? 오케이? 오케이??" 하니 그제야 웃어주시며 오케이를 해주셨다. "그라시아스, 무차스 그라시아스(감사합니다, 대단히 감사합니다)."

알려주신 쪽 길로 가니 아까 놓쳤던 좌회전 길과 연결되어 있었다. 내비도 놓치고 있던 쪽 길인가 보다. 아는 길이 나와서인지 그제서야 마음이 안정되어 지금 걸었던 이 길을 곱씹게 되었다.

길을 잃은 덕분에 4km 정도가 추가됐지만 이렇게 보니 그 길은 내게 뜻하지 않는 추억을 남겨준 것 같다. 순례길이라고 누군가 정해놓은 이 길을 걷곤 있지만 오늘처럼 돌아가는 이 길도 결국엔 산티아고를 향하는 길일 텐데, 나는 왜 이렇게 다른 길을 걷는 걸 두려워했던 걸까.

Q. 지금까지 하던 일 말고, 왜 다른 것을 찾으려고 하셨나요?

그러고 보니 내 삶의 길은 순례길과는 달리 생각했던 것 같다. 엔지니어의 삶으로 지금껏 살아오면서, 두 가지 분야를 커버하기 위해 자격증도 열심히 취득했다. 또한 부가적으로 자기 계발 모임과 1만여 명이 넘는 트레킹 모임도 운영하고, 부끄럽지만, 마라톤과 요가 자격증도 따보고, 경매도 해봤다. 엔지니어로서가 아닌 전혀 다른 분야에 많이도 노크하고 있었다. 그래서 그런지 주변에선 왜 이렇게 다른 것을 찾으려고 그렇게 부단히도 노력하고 있냐고 묻곤 했다.

그저 궁금했다. 내가 어떤 재능이 있고, 어떤 것을 할 때 빛을 내며 일할 수 있는지 말이다. 전문분야를 넘어 프로젝트 전반을 관리하고 싶어 사업 관리 분야에 도전했고, 하다 보니 다음 프로젝트,

그다음 프로젝트는 어떻게 준비해야 하고 우리의 미래 먹거리는 어떻게 될지에 대해 알고 싶어 전략 업무까지 도전해 봤다. 그러다 보니 내가 좀 재능 있는가 싶어, 회사 전략 기획 업무에도 관심이 생겨버렸다. 또한 자기 계발 모임을 운영하면서 사람의 성장이 곧 나의 행복임을 알아차리곤, 파트너로서 더 도와주겠다며 국내외 코치 자격증을 따며 코치의 삶을 살고도 있다.

엔지니어로서의 길을 잃을까 두려워하기도 했지만, 혹시 내가 놓쳐버린 샛길이 무엇일지 궁금함이 컸다. 샛길이 내게 뜻하지 않는 가능성을 주어줄 수도 있으니 말이다. 사실 내가 가고자 하는 그 궁극적인 것이 무엇인지 모르니, 엔지니어의 삶도 샛길이지 않을까 싶다. 앞으로는 더욱더 적극적으로 수많은 경험의 길을 더 찾아 나설지도 모르겠다. 목적지로 향하는데 빠른 길은 있겠지만 이 길만이 정답인 길은 아니라고 믿기 때문이다.

터벅터벅 천천히 나머지 좌좌우 길을 걷다 보니 드디어 표지석을 만날 수 있었다. 나만의 새로운 순례길 앞에서 생각이 머물렀다.

'그래 나는 길을 잃은 게 아니라 그냥 새로운 길을 걸은 것뿐이야'
새벽에 당황한 것치고는 깨달음이 많은 시간이었다.

많은 경험이 나의 자산

함께 걸어온 질문

Q9. 내 안에 있는 황금을 어떻게 찾을 수 있을까요?

잠시 소강되었던 비는 이내 폭우로 변해버렸다. 평소 비를 맞는 걸 좋아하던 나였지만, 괜스레 코끝이 찡해지며 점점 눈물인지 빗물인지 모를 감정이 북받쳐 올랐다. 배낭으로 인해 어깨는 무거워졌고, 왼쪽 골반에서 다리까지 시큰거리는 통증을 참아가며 빗속을 걷고 있는 내 모습이 어쩐지 초라하게 느껴졌기 때문이다. 문득 혼자라는 생각에 감정이 더욱 요동쳤다. 지금, 이 순간, 내 안에 쌓여가는 이야기들을 나눌 사람도, 투정 부릴 곳도 없다는 현실이 가슴을 더 아리게 만들었다. 마치 누군가 바늘로 콕 찌르기라도 하면 한꺼번에 터져버릴 것 같은 울분이 가득 차오르고 있었다.

여행을 떠나기 전 아내에게 했던 말이 떠올랐다. "내가 걷는 건 5

일이지만, 산티아고 이야기는 아마 5개월은 족히 할 테니 각오해."
이제 겨우 3일째인데도 벌써 이 정도라니, 아내는 정말 마음의 준비를 단단히 해야 할지도 모르겠다. 몸과 마음이 점점 더 무거워졌다. 잠시라도 쉬며 마음을 추스르고 싶은 마음이 간절해졌다. 때마침, 내가 걷던 길 끝에 작은 마을이 보이기 시작했고, 지친 마음에 실례를 무릅쓰고 어느 집 대문 아래 처마에 몸을 던졌다. 깊게 숨을 들이마시며 우비 모자를 벗어버리곤, 한동안 멍하니 서 있었다. 배낭을 내려놓고 싶었지만, 그 과정이 번거로울 것 같아 그대로 멘 채 서 있기로 했다. 이 순간, 이 정도의 쉼이 내가 할 수 있는 최선이었다. 나의 무사 귀환을 기록하고 싶어 또다시 영상을 켰다. "여러분, 이제 겨우 순례길을 찾았어요. 비가 점점 거세지네요! 다리는 절뚝거리고요…" 쏟아지는 울분에 목소리가 떨리던 찰나, 급히 하이 톤으로 바뀌었다. "올라! 부엔까미노~." 내 곁을 지나가는 순례자 2명에게 힘찬 목소리로 응원 인사를 보낸 것이다. 오늘 순례길을 시작하고 처음 본 순례자들이기

에, 힘든 건 힘든 거고 응원은 또 하고 싶었나 보다. 두 사람도 "부엔까미노~."라며 응원을 해줬다. 함께 걷고 있는 남녀의 순례자 모습이 너무나 예뻐 보였는지, 순간 나도 모르게 "부럽다…. 나도 같이 올

걸."이라며 진심이 툭 튀어나와 버렸다.

지금, 이 순간, 내 안에서 복잡 미묘한 감정들이 올라온다. 기쁘면서도 슬프고, 서러우면서도 신나고, 외롭지만 자유롭고, 이런 길을 걷고 있는 나 자신이 대견하면서도 웃기다. 순례길에서의 감정이 정말 극과 극을 달리고 있다. 때로는 모든 것이 신나서 깔깔거리던 어린아이 같다가도, 비를 맞으며 다리를 절뚝거리는 처량한 모습에, 아주 흥미진진한 순례길이 아닐 수 없다.

그런 와중에도 다행이라 생각되는 건, 에피소드들이 넘쳐나고 있다는 것이다. 마치 무용담처럼 나의 경험을 이야기할 수 있는 수많은 이야깃거리가 생겼다는 것은, 산티아고가 내게 준 선물이나 다름없다. 사실 스페인에 처음 도착했을 때부터 기차를 잘못 타고, 버스 환승에 실패해 헤맸던 순간들마다 생각했었다.

"다음을 기약할 때 이 부분은 꼭 실수하지 말자. 다른 사람들에게도 잘 알려주게 어디 블로그에 모아둬야지." 이 모든 경험이 나만의 특별한 자산으로 쌓여가고 있었다.

지금 내가 겪는 실수와 고통, 즐거움, 그리고 엉뚱한 사건들이 어쩌면 나만의 독특한 보물이 될 수 있겠다는 생각이 든다. 경험하지 않으면 모르는 일들, 경험하니 비로소 생긴 오직 나만이 가질 수 있는 특별한 자산이다.

혹여 누군가가 순례길 5일 코스를 묻는다면, 나는 자신 있게 모든 것을 알려줄 수 있다. 경험으로 얻은 자신감 덕분이랄까. 그뿐만 아니라 다른 해외여행도 혼자 갈 수 있는 용기가 생겼다. "이 정도면 할 수 있겠는데? 영어를 못해도 괜찮아. 여기도 나 혼자 잘 왔는걸."

사실 나는 늘 '할까 말까?' 고민하다가 결국 '굳이'라는 생각으로 하지 않는 쪽을 선택했던 사람이었다. 그러니 이렇게 홀로 큰 결정을 내린 것도, 산티아고를 선택한 것도, 내게는 감히 상상도 못 할 일이었다. 해외를 혼자 여행한다는 것은 꿈에도 없던 일이었으니까. 하지만 지금은 미국, 프랑스, 아프리카, 심지어 인도까지, 어디든 갈 수 있을 것만 같은 용기가 생겼다. 이렇게 용기가 생기다니, 괜히 어깨가 으쓱해진다.

Q. 내 안에 있는 황금을 어떻게 찾을 수 있을까요?

황금이라 하면 흔히 인생에서 가장 빛나는 시절이나, 능력이 특출났던 시절에 유독 빛이 나는 나만의 재능과 가능성을 일컫는 것 같다. 산티아고에서 깨달은 나의 황금은 '진실성과 용기'이다. 어떤 일이든 진심을 담아 용기를 내면 해낼 수 있는 것들이 참 많아진다는 것을 알게 되었다. 가능성. 그래 가능성이 열리고 나면 나는 또 다른 재능을 발견하게 될 것이고, 그것이 나의 가장 화려한 시절을 만들어 주는 기반이 될 수 있을 것이다.

나를 포함해 많은 사람들이 이런 단순한 원리를 알면서도 여전히 내면의 황금이 무엇인지 찾아다니려 애를 쓴다. 아마도 늘 결과로써 자신의 황금은 아직 발견되지 않았다고 생각하기 때문인 것 같다. 이 질문을 했던 친구도 한참 은퇴를 고민하며 자신은 지금껏 무엇을 했는지 모르겠다고 내게 이 질문을 던졌기에, 그의 마음이 조금이나마 이해된다.

그런 그들에게 묻고 싶어졌다. 그대의 황금기는 지금 한 번뿐이었냐고. 자신에게서 찾을 수 있는 황금은 사실 무수히도 많다고 생각하는데 어찌 한계를 지을 수 있냐고. 한 우물만 파서 멋지게 은퇴한다고 해서 내 인생이 그 하나의 우물로만 대변되지는 않을 것이다. 50대, 60대라도 충분히 용기를 낸다면, 발휘되지 못했던 황금을 찾을 수 있을 것이라 믿어 의심치 않는다. 그러니 여기가 끝이라고만 생각하지 않았으면 좋겠다.

생각해 보니 나의 황금을 바꿔야겠다. 다양한 에피소드들이 쏟아진 덕분에 나만의 황금 같은 무용담이 생긴 것처럼. 결국 황금은 수많은 경험을 통해 만들어진다. 내가 몰랐던 내 안의 재능이 발현되어 황금이 될 수도 있고, 아마추어 같은 실력이 쌓이고 쌓여 잘 성숙해져 결국 빛나는 황금이 될 수도 있는 것처럼 말이다. 그런데 순례길을 오랫동안 안 간다면 그때 발현됐던 황금도 언젠가는 다시 사라질 수도 있기에, 결국 결과로서의 황금보다는 과정의 황금이 내게 더 소중하다는 걸 깨달았다. 수많은 경험을 꾸준히 용기 내 도전할 수 있는 '꾸준한 도전심'을 나의 황금으로 삼고 싶다.

처마 밑에서 서글퍼하던 마음은 점점 편안함과 행복으로 바뀌고 있다. 분명 오래 지나지 않아 다리가 아파 서러워질 수도 있겠지만, 한편으로는 '재밌네. 이거' 하며 미소 짓고 있는 나를 만날 것만 같다. 최근 친구가 내가 입버릇처럼 하는 말이 있다며 전해준 것이 있다. "일단 해봐! 경험해 보고 안 좋으면 더 좋은 방법을 찾으면 되고, 좋았다면 더 나은 쪽으로 발전시키면 되니까. 할지 말지 고민될 때면 우선 해보고 결정해 봐! 알겠지? 일단 해봐."

수많은 경험들이 나를 휘몰아쳤기에 도전을 두려워하던 나는 이제 더 이상 도전 앞에서 망설이지 않게 되었다.

좋아하는 것과 잘하는 것

함께 걸어온 질문

Q10. 좋아하는 것과 잘하는 것 중 무엇을 해야 할까요?

순례길을 걷다 보면 온갖 잡생각이 밀려든다. 그럴 때마다 하늘을 향해 연신 떠들었다. 비로 가득 찬 어두운 하늘부터 붉게 물들었다가 다시 청명해지는 하늘까지, 그 어떤 하늘이든 상관없이 떠들어 재꼈다. 때로는 카메라를 들고 브이로그 유튜버가 되기도 하고, 때론 친구와 하루 종일 떠드는 수다쟁이가 되기도 했다. 순례길 완주 시간 총 24시간 동안 핸드폰에 담긴 혼잣말만 4시간 분량이니, 하고 싶었던 이야기가 그렇게나 많았나 보다.

혼잣말을 하다 보면 별의별 이야기가 나온다. 속상했던 일들을 털어놓다가도 상대를 이해하며 용서하게 되고, 누구에게도 말하지 않았던 비밀스러운 이야기까지 툭 하니 꺼내기도 한다. 그러다 보면 스스로도 조심스러워 꺼내기 싫었던 깊숙한 이야기까지 용기 내어 말하게 된다. 마치 토크쇼에서 사연을 내놓듯 다양한 이야기들을 던져놓고는, 진행자가 되기도 하고 청중이 되기도 한다. 그렇게 혼잣말하며 자문자답하다 보면 어느새 자아 성찰이 이루어진다. 아, 산티아고 순례길이 생각을 깊게 하고 성찰할 수 있는 이유가 바로 이것이구나. 한국에서는 혼잣말하면 미친 사람 취급을 받았을지도 모르지만, 여기서는 아무도 내 존재에 신경 쓰지 않으니 참 다행이다.

오늘의 순례길 혼잣말 토크쇼의 주인공은 '약 15년간 전공을 파고 있지만, 앞으로 나아가야 할지, 멈춰야 할지 고민하는 중년 차 엔지니어'다. 그는 나이가 들수록 전공분야 일을 확장해 가야 할지, 아니면 좋아하는 일을 위해 다른 분야를 도전해 봐야 하는지 진지한 고민에 빠져 있다. 황금 같은 재능을 찾기 위해 여러 가지 샛길을 탐험해 보았지만, 늘 그 끝은 괴리감과 실망감이 들어 이것이 자신의 최선의 일인가에 대한 의구심을 갖고 있기 때문이다.

이 여정의 이유는 여러 가지가 있겠지만, 가장 큰 이유는 '내가 잘하는 일은 무엇이고, 좋아하는 일은 무엇인가?'에 대한 답을 찾기 위해서였다. 하지만 아직도 선택의 갈림길에서 이렇다 할 정답은 찾지 못한듯하다.

아마 누구나 한 번쯤은 이런 고민을 했을 것이다. 어떤 이는 "좋아하는 일로 생계를 유지하면 결국 좋아하는 일도 재미없어진다."라고 하고, 법륜스님은 "잘하는 일을 하다가 좋아하는 일로 옮겨가면

삶은 노동에서 놀이가 된다."라고 한다. 또 어떤 이는 "좋아하는 일만 하다가는 자기만족에 빠질 수 있다."라고 하고, 반대로는 "좋아하는 일을 끈기 있게 한다면 결국 잘하게 될 테니, 좋아하는 일을 하라."라고 말한다. 묘하게 상반되는 정의들 사이에서 머릿속이 더욱 혼미해졌다.

혼자만의 퀴즈쇼가 시작됐다. 좋아한다는 건 무슨 뜻일까? 잘한다는 건 또 무엇일까? 내가 잘한다고 생각하는 것이 정말 잘하는 것이 맞을까? 유튜브나 방송계에서 즐기면서 돈도 잘 버는 것 같은 사람들처럼, 나도 결국 좋아하고 즐기는 일로 나아가야 할까? 어쩌면, 정말 어쩌면 내가 좋아하고 잘하는 일을 아직 찾지 못했다는 핑계로, 사실은 일을 못 하는 자신을 숨기려 드는 건 아닐까? 뚜렷하게 잘하는 것도, 좋아하는 것도 없이 이리저리 방황하고 있다는 것도 모른 채 말이다.

Q. 좋아하는 것과 잘하는 것 중 무엇을 해야 할까요?

곰곰이 생각해 보니 좋아하는 것을 잘하면 안 될까? 잘하는 것을 좋아하면 안 되는 것일까? 나는 사람들과 머리를 맞대고 토의 끝에 합리적인 결과를 도출해 내는 것을 좋아한다. 토론 문화를 좋아하고, 수다 떠는 것을 좋아한다. 이 좋아하는 것을 더 재밌게 하려면 책도 많이 읽어야 하고, 스스로 생각할 줄 아는 능력도 있어야 하고, 경청의 힘도 길러야 한다. 나의 재능을 더욱 갈고닦아야 발전할 수 있다. 그래야 더 재밌는 토론을 할 수 있다. 결국 좋아하는 일을 이어가려면 이 일에 진심을 다해 잘해야 한다. 결국 좋아하는 일을 더 잘하게 되고, 잘하는 것은 더 좋아하게 된다. 좋아하는 것과 잘하는 것은 결국 다르지 않다는 것을 깨달았다.

내 워너비인 유재석 님을 보면, 원체 사람들과 수다 떨기를 좋아해서 예능 내내 행복해하는 것을 볼 수 있다. 유재석 님도 "내가 정말 좋아하는 일을 해서 행복하다."라고 하실 정도니, 정말 좋아하는 일이 곧 정답 같아 보인다. 하지만 그 안에는 유재석 님의 피나는 노력이 숨어 있다. 체력을 유지하기 위해 매일 운동하고, 담배도 끊고, 피부과도 다니고, 신문도 읽고, 수많은 예능을 관찰하고 분석한다. 좋아하는 일을 꾸준히 잘하기 위해 쉬지 않고 자신을 개발하는 유재석 님은 매사에 진심을 다하시는 것이다.

주변에 보이는 신나게 일하는 사람들은 대부분 자기 일에 진정성을 가지고 있는 사람들일 것이다. 자신 말고는 대체 불가한 사람들, 내면이 아주 단단해 보이는 사람들. 유재석 님처럼 말이다.
순례길에는 여전히 촉촉한 비가 내리고, 점점 날이 밝아오고 있다. 덩달아 머리도 맑아지고 있다. 아마 신나게 떠들었더니 머릿속이 깨끗해진 게 아닐까 싶다. 잘 걷던 순례길에 우뚝 서서 내게 다시 물었다.

"한 번이라도 진심을 다해 일에 집중해 본 적이 있었나? 누군가가 도움이 필요할 때 제일 먼저 내가 떠오를 정도로 그 분야에서 탑이었던 적이 있을까? 탁월한 전문성을 가지고 있었나? 내 분야에 후회가 없을 자신이 있나? 내 일에 미쳐본 적이 있었던가?"

아니, 난 그런 적이 없었다. 진정성이 없었다. 노를 저어 항해하지 않고, 그저 물결에 흘러가도록 내버려 두었을 뿐이었다. 이제는 미쳐야겠다. 좋아하는 일, 잘하는 일 이전에 지금 내게 아주 솔직하고 진심을 다해야겠다.

그 순간 내가 좋아하는 구절이 생각났다. '우리는 현재 시간 속에 태어났고, 현재 시간 속에 살아간다. 그리고 현재 시간 속에서 일생을 마친다' 그저 지금 이 순간에 진심을 다해 걸어야겠다.

잠시 머물다 간 메르데

함께 걸어온 질문
Q11. 당신은 왜 상담가로서 특별한 사람이라고 생각하시나요?

    3시간 44분 동안 16km를 걸었다. 그동안 참 많은 일들이 있었고, 많은 생각들이 오갔다. 마음도, 생각도 들쭉날쭉. 날은 밝았지만, 야속하게 비가 내리는 변덕스러운 날씨처럼 내 내면도 끊임없이 흔들렸다. 어제 같았으면 "조금만 걸으면 끝나겠지."라는 희망을 품었을 텐데, 오늘은 달랐다. "아우…. 아우…." 곡소리가 절로 나올 정도로 지금까지 걸어온 만큼, 아니 그 이상을 더 걸어야 하는 길 앞에서 희망은 아직 멀어 보였다.
    저 멀리, 사람 벽화가 큼직하게 그려진 건물이 보이기 시작했다. 오늘의 중간 지점, '메르데'가 드디어 나타난 것이다. '가자, 가서 좀 쉬자' 빨리 가고 싶은 마음은 굴뚝같았지만, 절뚝거리는 다리 때문에 걸음은 더디기만 했다. 그나마 비를 피할 수 있을 것 같은 나무가 있어 아래로 겨우 피신하여 잠시 걸음을 멈출 수 있었다. 더 이상 걷고 싶지 않았다. "걸어야 할까? 남은 14km는 차로 14분 거리인데, 여기까지 걸었으니 됐다고 생각하면 안 될까?" 더 걷기 싫다는 생각이 머리를 가득 채우기 시작했다. 다리가 버틸 수 있을까? 짜증과 함께 알 수 없는 서러움까지 물밀듯이 밀려왔다.

"가자, 가서 좀 쉬지."

올 것이 왔구나. 나와 내가 싸우는 순간이다. 스스로와 타협하려는 흑과 백의 싸움. '걸어야 한다'와 '이 정도면 됐다'의 정답도, 정의도, 심판도, 관중도 없이 그저 나 혼자 지지고 볶는 싸움이다. 결국 선택도 내가 하고, 후회도 내가 하고, 자축도 내가 하는, 그래서 더 내게 솔직해지는 순간이다. "사실 택시를 타도 아무에게도 말하지 않으면 되는 것 아닌가? 누가 알겠어?" 나 외에는 아무도 모를 것이다. 하지만 나란 놈이 알기 때문에 미칠 노릇이다. 자칫 여기서 포기하면 난 영원히 남들 앞에서는 힘든 척하고, 뒤에서는 편한 것만 찾는 시답잖은 사람이 될 것만 같다. 절뚝거리는 건 참을 만한데, 정신이 흔들리니 이 감정을 '서럽다'라고 표현하기보단, 그보다 더한 처절함이 강력하게 찾아와 버린 것이다.

"조금만 가면 돼, 조금만…. 쉬면 또 괜찮아지겠지." 포기할 때 하더라도 택시를 타려면 마을까지는 가야 하니까 조금만 참아보자고 스스로를 다독였다.

지난 이틀 동안 길 중간에 밥을 먹어야겠다는 생각조차 들지 않을 정도로, 쉬지도 않고 걸었지만, 오늘만큼은 거하게 밥을 먹고 싶었다. 그것도 아주 맛있는 것으로 말이다. 전날 먹는 것으로 힘들어했던 내게 트레이너 선생님이 "뽈뽀가 맛있으니 꼭 먹어봐라."라고 추천해 준 기억이 떠올라 근처 뽈뽀 맛집을 검색했다. 뽈뽀는 잘 삶아진 문어 다리에 올리브 오일을 발라 소금과 매콤한 가루로 시즈닝한, 스페인 가정식 요리다.

'지금 영업 중'과 '최고 평점' 필터를 필수로 구글맵에서 찾은, 'Pelperia Ezequiel'이라는 가게가 뽈뽀 사진으로 침을 고이게 만들었다. "지금부터 15분 거리. 좋아, 여기다." 쭉 직진해서 한 번 꺾으면 왼편에 가게가 있다. 이 나무를 벗어나면 핸드폰을 볼 수 없으니 다시금 인간 내비게이션을 자처할 수밖에 없었다. '메르데'는 여느 마을보다도 훨씬 컸다. 건축물도 꽤 가지런히 서 있었고, 차량도 많았다. 점심 장사를 시작하려는지 분주해진 식당도 많았다. "문어 맛있어요, 들어와요!" 한국인들이 많이 오는지 유창한 한국말로 유혹하는 가게도 있었고, 입구에 커다란 문어 모형으로 이목을 끄는 곳도 있었다. 참 재밌는 곳이다.

　드디어 고대하던 가게에 입성했다. 오픈한 지 얼마 안 됐는지 생각보다 넓은 가게에 손님은 나밖에 없었다. 호그와트 식당처럼 긴 테이블이 있는 곳에 앉은 나는 주섬주섬 우비를 벗고 홀딱 젖은 보조 가방과 허리와 어깨를 조여왔던 배낭을 냅다 던져버렸다. 그제야 묶여 있던 갖은 짐들로부터 자유로워졌다. "포르 파보르, 다메 운 뽈뽀 이 우나 세르베사(문어 한 접시와 맥주 한 잔 주세요)." 뽈뽀 요리와 맥주 한 잔을 시켰다. 메뉴엔 많은 음식이 있었겠지만, 지금껏 믿었던 음식마다 흠씬 뒤통수 맞았던 나이기에, 따뜻한 국물로 몸을 데울 수 있는 기대라곤 없어, 추천받은 녀석으로만 주문할 수밖에 없었다.

뒤이어 몇몇 현지 사람도 들어오고, 순례자들도 하나둘 들어왔다. 괜스레 반가웠다. 그들은 어디서부터 왔을까? 여기서 지내고 떠나려나? 궁금해하던 찰나, 그들은 나와 다른 구역으로 안내받는 것이었다. 비도 오고 했으니, 몸을 말리라며 매니저 같은 분이 따뜻한 난로가 있는 곳으로 그들을 안내했다. "어? 뭐지? 저기는 4인석이라 그런가?"

뒤이어 가족 단위의 순례자 몇 그룹이 우비를 뒤집어쓴 채 가쁜 숨에 웃음을 띠며 들어왔다. 직원은 그들에게도 춥지 않냐는 따뜻한 말 한마디와 함께 난로가 있는 곳으로 안내했다.

그 순간 기분이 묘했다. 지금 생각해 보면 별것도 아닌데, 나만

따뜻한 난로가 있는 곳으로 안내받지 못한 것이 인종차별인가 싶은 마음마저 들었다. 젖은 옷에 따뜻함이 간절했던 내게는 서운함 그 자체였던 것 같다.

그래도 많은 순례자들을 보니 신기함과 흥미로움에 마음이 그새 풀렸다. 나와 비슷한 연령대의 사람들도 있었고, 부모님을 따라온 청소년들, 60대 어르신들까지. 이렇게 많은 순례자를 본 건 순례길에 들어선 이후 처음이었다. 자리 배정이 아쉬웠지만, 입구 쪽에 앉아 있던 덕에 순례자들이 하나같이 인사를 해주고 지나가, 덕분에 응원과 위로를 받을 수 있었다.

뽈뽀는 미처 '씨 셀'을 외치지 않아서인지 역시나 소금 덩어리 같은 녀석들로 짜고 매콤했지만, 마음만은 달콤해졌다. 이제 다시 떠날 시간이 왔다. 걸을 때는 돈 쓸 일이 없으니 보조 가방을 배낭에 넣어두기로 했다. 들쳐 메는 짐 하나라도 줄이는 게 좋기 때문이다. 이제 축축이 젖은 잠바를 다시금 입고 배낭을 들쳐 메며 허리춤과 가슴 춤의 고리를 걸었다. 아침에도 혼자서 우비를 입지 못했던 기억이 있어, 우비를 반쯤 걸친 채 순례자들을 향해 도와달라는 눈빛을 보내며 걸어갔다. 반쯤 걸쳐져 있는 우스꽝스러운 백팩을 손가락질하며 미소를 지으니 순례자분도 덩달아 웃어주며 우비를 내려주셨다. 쌩큐!!!

모든 준비가 끝났다. 식당 입구를 나서는 순간, 다시 멈출 수 없는 4시간의 순례길이 기다리고 있다는 것에 망설여지기 시작했다. 마침, 초등학생처럼 보이는 아이와 엄마 순례자가 가게 앞에서 서성이는 모습이 눈에 들어왔다. 그래, 저 어린아이도 여기까지 걸어왔는데 나라고 못 할까? "부엔까미노! 컴 온 인." 모자 순례자에게 반가운 인사와 함께 바통 터치하듯 나는 그렇게 비 오는 길을 나섰다. 춥고 외로운 내게 따뜻한 수프만큼 함께 걷는 이들의 왁자지껄함이 힘을 내게 해줬다.

브라보

'메르데'에서 '아르수아'까지 가는 순례길은 우거진 숲길로 이루어져 있다. 비가 와서 그런지, 더욱이 나무 전신에 덮인 갈색빛 나뭇가지들과 초록초록 탱글탱글 빛이 나는 이끼들이 장관이 따로 없었다. 바닥은 갈색 나뭇잎들과 밟으면 살짝쿵 질펀한 촉촉한 진흙 길로, 그곳을 걷고 있자니 마치 아무도 발 닿지 않은 동화 속 주인공이 된 듯한 기분이었다. 비는 이제 더 이상 골칫덩어리가 아니었다. 비가 적게 오는지 많이 오는지 상관없을 정도로 익숙해졌기 때문이다.

초록색은 더 진하게, 빗소리는 더 강하게, 온도는 시원하니 이젠 정말 자연과 하나 된 나를 발견했다. 너무 좋았다. 자연이 나를 감싸주듯이, 내 마음도 점차 맑아지기 시작했다. 이 순간, 나는 이 모든 풍경을 도저히 놓칠 수 없었다. 풍경은 놓칠 수 없지만, 눈앞에 계곡이 있는 걸 보니 순례길을 놓친 것 같다. 으악! 비 때문인지 넘쳐흐른 계곡물이 징검다리를 꽁꽁 숨겨놓아 버린 것이다.

"진짜 내 순례길은 스펙터클하구나! 5일이 절대 짧게 느껴지지 않게 해주려 이러는 건가." 괴성이 절로 나왔다. 순간 또 길을 잘못 온 건가 하는 의구심까지 생겼지만, 불행히도 그 길은 순례길이 맞았다. 그런데 엉뚱하게도 기분이 묘하게 즐거웠다. 한순간도 쉬지 않고 이렇게 익사이팅한 순례길을 선사해 주니 지루할 틈 없이 즐거웠다. "그래도 가야지요~ 가야지요!!! 신발아 미안하다!!!" 어차피 젖은 신발인데 아껴서 뭐 하겠나 싶어, 큰맘 먹고 빼꼼히 보이는 돌 위로 점프해 올라탔다. 다행히도 돌 위로 흐르는 물 깊이가 생각보다 낮은지 신발 밑동까지만 젖어버린 이 상황에 웃음이 났다.

두려움도 잠시, 나는 마치 자유로운 망아지처럼 계곡물을 뛰어다녔다. 그 순간부터 모든 것이 기쁨으로 변했다. 11km가 남았지만, 그게 뭐 대수인가, 비가 내리는 최악의 상황도 푸르른 숲이 마치 보상이라도 해주듯 나를 기쁘게 해주니, 걱정될 게 하나 없었다. 난 아무래도 전생에 타잔 아니면 최소 원숭이 정도 되지 않았을까 싶다. 날 감싸듯 둘러싼 자연이 날 건강하게 만들어 주는 것 같았다. 비로소 자연과 하나 됨을 느꼈다. 햇빛은 자기 역할을 하고, 비는 열심히 내리고, 너무나 자연스럽게 강물은 불어 또 다른 길을 만들고 있다. 나 또한 두려움과 서글픔은 온데간데없이 망아지처럼 신나 하니 서로가 서로에게 가장 좋은 파트너가 된 것처럼 동화된 것 같았다. 각자가 너무나 건강히 각자의 자리에서 그리고 이곳에서 함께하고 있다. 분명히 다른 존재인데 이제는 떼려야 뗄 수 없는 존재가 되었다.

자연은 나의 변덕스러운 감정 변화에 맞춰 변덕스러운 날씨로 답을 주기도 하고, 내가 이야기하면 묵묵히 들어주기도 하고, 결국 번뜩 해답을 찾아 "유레카!"라고 하면 살랑바람으로 축하해 주기도 했다. 자연 앞에서 스스로 해답을 찾아가고 있는 온전한 존재로 인정받고 있음을 느낀다. 그래서일까. 내가 좋아하는 숲속에선 그렇게 마음이 편안해지고 특별해진다. 자연은 내게 좋은 파트너가 됐다.

Q 당신은 왜 상담가로서 특별한 사람이라고 생각하시나요?

내가 코치로서 활동하게 된 이유는 이 문장으로부터이다. '고객은 창의적이고 내부에 해답을 가지고 있으며, 온전한 존재이다'

코치라고 하면 운동 코치, 심리상담사, 멘토, 컨설턴트라고 생각하기 쉬운데 그것보다는 함께 하는 파트너로서 고객 안에 있는 창의적인 그만의 해답을 발견할 수 있도록 도와주는 역할로서 내겐 그 철학이 너무도 멋져 보였다. 물론 코치로서 전문 영역의 스킬을 쌓아야 하는 건 당연하지만, 그렇다고 해서 내가 고객보다 더 뛰어난 사람이라 뒤에서 밀거나 앞에서 당기는 그런 가르침에 들려고 하지는 않는다. 그저 옆에서 어깨동무하며 반 발짝 앞에서 함께 걷는 그런 파트너로서의 코치, 그것이 내가 생각하는 코치의 매력이다.

나는 코치로서 특별하다고 생각지는 않는다. 다만 사람들이 살아온 삶에 대해 호기심이 많다. 그들이 갖고 있는 자신만의 창의적인 해답들이 너무나 고결하여 그 자체만으로도 날 벅차게 만드니, 늘 듣고 싶어 할 뿐이다. 나는 각양각색의 다른 생각, 다른 행동, 다른 마음이 만들어 가는 세상의 아름다움을 꿈꾸고 있다. 그러기 위해 내가 온 마음을 담아 해주고 싶은 건, 그들이 여기 혼자 걷고 있는 게 아니라는 믿음을 주는 것이다. 진심을 담아 응원해 주고 싶고, 함께 성장하길 바라고 있다.

마치 지금 내 기분을 반영해 주는 것일까? 아니면 지금 이 길을 걷고 있는 모든 순례자가 느끼는 공통된 기분일까? 앞에 놓인 표지석이 눈에 띄었다. 목적지까지 앞으로 48.354km가 남았다는 평범한 표지석에 누군가 휘갈겨 써놓은 노란색 그라피티가 날 미소 짓게 했다.

'BRAVO'

브라보라는 단어가 주는 힘은 어마어마했다. 마치 '지금껏 걸어온 너의 도전은 정말 멋져!! 브라보! 멋진 나의 친구'라고 하는 듯 앞선 순례자들의 그 진한 마음이 너무나 강하게 느껴졌다! "신난다!! 예이~." 너무 힘이나 나도 모르게 소리쳤다.

"난 여기 혼자 걷고 있는 게 아니구나." 난 모든 순례자와 함께

이 길을 걷기 시작했다. 내 앞을 지나간 순례자들도 그리고 지금 뽈뽈를 먹고 곧 이 길을 지나갈 순례자까지도 모두 함께 걷고 있다. "브라보!! 예이~." 점점 미쳐가는 것 같지만 내 마음은 지극히도 풍성한 행복 그 자체가 되었다.

지금껏 걸어온 너의 도전은 정말 멋져!
브라보. 멋진 나의 친구.

Arzua

 누구나 그럴까? 이상하게도 목적지에 다 와 갈수록 몸과 마음이 축축 처졌다. 남은 5km 구간부터 마지막이라는 마음에 악바리처럼 힘써줬던 다리가 살살 풀리더니 걸음이 한없이 느려지고 불필요한 생각들도 많아졌다.

 '아르수아'엔 맛집이 있을까? 이곳도 세탁 시설이 있을까? 혼용 도미토리를 예약했는데 옷을 말릴 공간이 있을까? 물론 나 혼자만의 걱정 쇼였지만 어제 경험했던 도미토리 짐 보관 이슈가 계속 마음에 맴돌았다. 도저히 혼용 도미토리에서 젖은 짐으로 남들에게 피해를 안 줄 자신이 없었다. 남들 눈치도 안 보고, 짐도 전부 풀어 헤쳐 편하게 자고 싶다는 마음이 솟구치기 시작했다. "30km를 비 맞으며 걸었는데 이 정도 선물은 해줘도 되지 않을까. 안 그래?" 괴롭힌 이 아무도 없는데 억울함인지 속상함인지 괜스레 울분을 토해냈다. 당장에 숙소를 예약했던 '부킹닷컴' 앱을 켜고 안 되는 영어로 열과 성을 다해 문의했다.

"혼성 도미토리 결제했던 예약자인데요. 1인실로 변경한다면 추가 요금 발생하나요?" "4만 원 정도 더하시면 1인실로 가능합니다. 도와드릴까요?" "그럼, 4만 원만 결제하면 되나요?" "아뇨. 예약자분은 아직 미결제 건이라 6만 원 결제하시면 됩니다." "네?? 결제가 안 됐다고요??? 선결제 한 걸로 알고 있는데요."…. 한참의 옥신각신 티키타카 끝에 1인실 변경으로 극적 타결됐다. 이 정도면 나란 존재를 확실히 부각시켜 준 것 같다. '이 인간은 1인실을 절실하게 원하는 인간이구나'라고 말이다.

'아르수아'에 도착해서 한참을 안쪽으로 걸어오니 가게마다 테라스 천막으로 연결된 유럽풍의 벽돌색 건축물이 나타났다. 그제야 비를 피할 수 있게 되어, 우비 모자를 걷고 비에 젖은 머리를 탈탈 흔들었다. 상쾌함과 안도의 숨이 함께 터져 나왔다. "다 왔다. 다 왔어…. 하 진짜 고생했네, 오늘." '아르수아'는 여느 마을보다 깨끗하고, 정돈되어 보였다. 중앙엔 깔끔한 외 콘크리트로 된 성당과 주민들이 많이 쓰는지 연신 돌고 있는 코인 세탁실 그리고 드디어 한국에서 흔히 볼 법한 카페도 보이기 시작했다. 세련되고 따스한 그리고 전반적으로 안정돼 보이는 마을이었다.

'헬로~ 잇츠 일권 초이!' 단번에 나를 알아본 숙소 매니저는 격양돼 있는 나와 달리 점잖게 맞이해 줬다. 산티아고 도장을 찍어주곤 식당 그리고 그토록 바랬던 1인실까지 안내해 주셨다. 조도가 낮은 식당 조명 아래로 각자 노트북 하는 숙박객들이 눈에 띄었다. 그들의 뽀송한 옷에서 편안함까지 느껴지는 걸 보니 숙소의 모든 곳은 매니저의 점잖음과 닮은 그런 곳이었다.

따뜻한 온수에 몸이 녹는다. 샤워실이 함께 있는 1인실은 그 어느 호텔보다 호화스럽게 느껴졌다. 바닥엔 풀어헤친 짐들로 발 디딜 곳 없었지만, 한껏 뽀송해진 나는 그저 기분 좋게 침대로 몸을 던졌다. 살 것 같다. 하지만 벌써 쓰러질 순 없지. 잠옷 바지에 여분의 반팔만을 입은 채 함께 고생했던 옷가지들을 들고 세탁소로 향했다. 궂은 날씨에 쌀랑한 바람은 추위가 아닌 산들바람처럼 폭신하게 느껴졌다. 4유로짜리 8kg 세탁기를 작동시키곤 25분 알람을 맞춰 다시 숙소로 돌아왔다. 맘 편히 침대로 몸을 뉘었다. 온몸이 녹아내려 결국 침대와 하나가 되고 있었다. 몸은 흐느적 녹아내려졌으니 이제 맛있는 밥으로 내 마음을 녹일 차례가 왔다. 기필코 이번엔 보증되고 후회 없는 맛있는 밥을 먹어야겠단 아주 단단하고 확고한, 그리고 주먹을 불끈 쥘 정도의 결심을 했다. 그렇게 한참을 찾다가 괜히 식사를 도전했다간 또 뒤통수 맞을 게 뻔하니 어디서나 맛이 똑같을 빵을 믿어보겠노라고 빵집으로 노선을 변경했다.

"삐리리리리리." 그사이 세탁 완료 알림이 울렸다. 잠시 누워 있었다고 다리는 벌써 쉼 모드로 들어갔는지 절뚝거림이 더 심해졌다. 3유로짜리 건조기에 빨래를 옮겨 다시 알림을 맞추곤 침대에 털썩 누워버렸다. "삐리리리리리….” 벌써?? 눈 깜짝할 사이 30분의 시간이 지났나 보다. 오늘 여정의 마지막을 모두 마무리했으니 이제 빵 먹으러 갈 차례가 왔다. 반팔 위로 건조기 덕에 뽀송해진 후리스를 입곤 카페로 향했다. 술과 커피 그리고 빵을 파는 곳. 가족 단위 손님들이 주인과 아는지 보드게임을 함께 하는 곳. 편하게 이야기가 오가고 있는 분위기 덕분에 오랜만에 익숙한 도심의 기운을 받게 됐다. 평온 그리고 안정감이 들었다.

신기하게도 여긴 한 사람이 빵 2개를 시키는 경우가 없는지, 커피와 치즈 파이 한 조각 그리고 크루아상을 구입한 나를 신기하게도 쳐다봤다. 내어준 그릇 또한 파이와 포크 나이프 한 세트, 그리고 또 다른 그릇엔 크루아상과 포크 나이프 한 세트 이렇게 2개를 내어줬다. 나를 대식가라고 놀리는 건가? 아니면 빵 하나에도 각자 다르게 써야 한다는 고귀한 이 나라의 문화인가???

아닌 게 아니라 바르셀로나로 떠나는 아침에도 케이크 두 조각을 시켰더니 이런 경우는 처음인지 "쏘~ 쌩큐!!!"라며 아주 큰 함박웃음 지은 직원이 그릇 2개와 포크 나이프 두 세트를 주는 것이다.

그들도 많이 팔아 행복하고 나도 순례길 처음으로 맛본 맛있는 빵과 커피 덕분에 오랜만에 풍요로운 행복감이 들었으니 그걸로 됐다. 서로가 상부상조하는 만족스러운 결과로 하루가 끝났다.

30.84km '아르수아'까지 총 6시간 31분간의 처절한 비련의 주인공이 되었던 아주 고약한 순례길은 이렇게 끝이 났다. 오늘 밤만큼은 1인실에서 편하게 잘 수 있을 것 같다.

오늘의 거리

- 장소: Palas de Rei to Arzua
- 거리: 30.84km
- 시간: 6시간 31분

수고했어. 오늘도.

- 장소 아르수아(Arzua) - 오 페드로조(O Pedrouzo)
- 거리 18.98km
- 시간 4시간 2분 13초

5장

Day 04

- 아파서 보이는 것
- 끈기와 인내
- 침낭
- 부엔까미노 01
- 해가 뜬다
- O Pedrouzo ; 1일 1빨래의 여정

아파서 보이는 것

 산티아고 순례길 그 네 번째 날이 밝았다. 오늘의 여정은 '아르수아'에서 '오 페드로조'까지, 약 19.3km의 순례길이 기다리고 있다. 이제 20km 남짓한 거리가 대수롭지 않게 느껴지는 걸 보니, 순례길도 벌써 적응되었나 보다.

 오늘도 언제나처럼 모닝 루틴으로 아침을 맞이했다. 세안을 하고, 로션과 선크림을 바르며 준비를 마친 후, 침대에 펼쳐놓은 순례길 복장을 빤히 바라봤다. "진짜 가는 거야. 이 옷을 입으면 또다시 출발하는 거다. 괜찮을 거야, 다리도 걸으면 나아지겠지." 어젯밤의 피로 때문인지 왼쪽 골반이 송곳으로 찌르는 듯 아프고, 허벅지는 무겁고, 왼쪽 발목이 시큰거리며 아파왔다. 하지만 괜찮을 거라고 스스로를 다독이며, 경건한 마음으로 옷을 입었다. 마지막 세리머니를 위해 아껴둔 양말과 신발은 여전히 가지런히 두고, 펼쳐놨던 충전기, 아이패드, 잠옷, 세안 도구, 그리고 크록스를 배낭에 차곡차곡 층층이 동여매고, 비막이 커버까지 덮어버려 배낭 준비를 끝냈다. 그제야 아껴두었던 양말을 주섬주섬 신었다. 신기하게도 양말을 신고나면 흩어졌던 마음이 일순간에 조용해지면서 마음가짐이 바로 선다. 덩달아 꽉 쪼여지는 양말과 신발 끈 하나하나 동여매면 아팠던 다리도 사르륵 가벼워지는 기분까지 든다. 왠지 나만의 징크스가 탄생한 것 같다. 탁탁탁 신발이 미끄럽지 않은지 제자리 뛰기로 확인하며 몸과 마음 모든 출발 준비를 마쳤다. "좋았어, 가보자!"

오늘은 숙소에서 아침을 제공하기에 배낭을 메기 전 숙소 식당으로 향했다. 어제 만난 차분한 매니저가 bar에서 토스트를 굽고 있는데, 고소한 토스트 향이 잔잔히 퍼지며 마음을 편안하게 해줬다. 오늘 아침은 딱딱한 빵 대신 부드러운 식빵 토스트와 커피, 그리고 언제나 내게 힘을 주는 오렌지 주스를 받았다. 오랜만에 맛본 보드라운 토스트에 마가린과 잼을 잔뜩 발라 먹으니, 달콤한 행복 그 자체였다. 딱딱한 빵 대신 토스트를 주는 것이 정말 최고의 서비스였다는 것을 깨달았다. 그럼에도 순례길 조식 세트가 벌써 그리워진다. 지금, 이 글을 쓰면서도, 다시 한번 순례길 세트를 먹을 수 있으면 좋겠다. 덕분에 가볍고 달콤한 에너지 넘치는 아침을 맞이할 수 있을 것 같다.

감사하게도 물을 별도로 따라 마실 수 있게 해줘서, 어제 세탁소에서 산 생수병에 물을 담고, 같은 곳에서 산 킷캣 모양의 초코 과자 1개와 같이 간식 비닐봉지에 넣었다. 4일 차 순례길 준비는 몸과 마음 그리고 간식까지 완벽히 준비됐다.

"부엔까미노!" 같은 숙소에 있던 순례자들께 인사하고 제일 먼저 자리를 박차고 출발했다. 아침이 7시 반에 제공되어, 처음으로 제법 해가 뜬 늦은 시간에 출발이지만 날이 밝아진 순례길 덕분에 기분도 덩달아 밝아졌다. 하지만 그것도 찰나, 길을 나선 지 10분 만에 왼쪽 골반이 말썽을 부리기 시작했다.

마을을 지나도 여전히 잘 다듬어진 순례길 덕분에 질퍽거림이 적어 걷는 데는 무리는 없었지만 내 몸은 그러지 못했다. 시큰거렸던 왼쪽 발목 앞 등이 다시금 살살살 아파오며 덩달아 왼쪽 골반이 욱신거리기 시작했다. 이제는 혼잣말도 너무 익숙해져 버린 건지, 이름 모를 가상의 인물에게 아픔을 호소했다. "아우…. 아프네…. 오늘 19km 거리니깐 대략 4시간 정도일 텐데, 걸을 수 있겠지?? 괜찮아질 거야, 잘 걸을 수 있어 그렇지?" 오히려 아플수록 더 쉬지 않으려 했다. 잠시 멈추면 다시 시작하려 할 때 되려 움직이는 게 힘들 정도로 더 아팠기 때문이다. 그럴 바엔 아픔에 무뎌질 때까지 계속 걷기로 했다.

"다른 생각을 하자. 노래라도 부를까?" 순례길에서 가장 놀라운 변화는 혼잣말과 직접 작사·작곡한 흥얼거림이 많아졌다는 것이다. "흥~ 흥 흥흥~ 난 걸을 수 있어~ 잘 걷고 있지~ 걸을 수 있어~." 긍정의 노래 덕분인지 그렇게 5km를 더 걸을 수 있었다.

"아우…. 안 되겠다." 결국 멈춰 서버렸다. 앉으면 다시 일어날 수 없을 것 같아 그냥 그 자리에 가만히 서 있기로 했다. "아니야, 다시 걸어." 항상 남들보다 빠르게 걷는다고 자부했던 내 걸음이 이제는 기울어진 골반과 함께 절뚝거리기 시작했다. 그런 와중에도 내 마음은 "여기 이러고 있기 싫어. 빨리 가고 싶다."라며 절뚝거리는 발걸음에도 나름 최대한의 속도를 내며 종종종 걸었다.

"아우…. 진짜 안 되겠다." 얼마 가지 못하고 또 멈춰 섰다. 손가락으로 왼쪽 골반을 쿡쿡 찌르기도 하고, 주먹으로 툭툭 쳐내며 시큰거리는 골반이 제발 움직이기를 바라며 자극을 줬다. 무언가 억울하고 속상하고 마음에서부터 불편함이 올라오는 것이, 절대 앉아서 쉬지 않겠다는 굳은 의지, 아니 어쩌면 쉬고 싶다는 내 몸과 앉으면 포기하는 것이라는 똥고집이 싸우기 시작했다.

답답함에 표정이 일그러지며 발가락부터 머리끝까지 아주 깊은 울림으로 소리쳤다. 그 순간 살짝쿵 마음에서 불편함이 내뱉어졌는지 비가 갠 순례길의 건강하고 굵직한 초록, 초록의 나무 내음과 바닥에서부터 불어오는 진한 흙 내음이 열려 있던 내 몸속으로 쏙 하니 들어와 버렸다.

"그래. 난 이 길을 걷고 있었지. 지금 이 길은 다시없을 길인데, 왜 그저 빨리 걷기만을 위해 땅만 보고 걸었을까. 차라리 잘됐다. 천천히 걷자. 오늘 내일이면 이 길도 끝이고 언젠가 내 추억 속에 덮여 잊힐 수 있을 텐데, 기억에 더 담아 가야겠다." 아까와는 다른 속상함이 몰려왔다…. 언젠가 이 색감, 질감, 공기, 온도, 그 모든 것이 내 하찮은 기억력에 묻혀 기억나지 않을 것이 명확했기 때문이다.

"그래. 잠시 앉자." 마침 돌담이 옆에 있어, 그제야 털썩 힘없이 자리에 앉았다. 겨우 5분의 짧은 쉼이었지만, 그 순간만큼은 마음이 잠잠해졌다. 아프고 나서야, 그리고 천천히 걸어가면서야 비로소 보이는 것들이 생각보다 많고 아름답다는 것을 깨달았다.

몸이 한참 좋지 않았을 때, 내 곁을 떠나간 사람들이 떠올랐다. 건강할 때는 모두가 내 곁에 있고, 그것이 당연한 줄만 알았다. 그러나 아프고 나니, 그 많던 사람들은 하나둘 사라지고 정말로 나를 소중히 여기고 아껴주는 사람들만 남았다. 얼마나 웃기고도 슬픈 일인가. 건강할 때는 보지 못했던 진짜 중요한 것들을, 아파야만 알 수 있었던 것이다.

예전엔 왜 나에게만 이런 고통이 오는지 억울해했고, 하지 못하는 것들에 답답해했었다. 그런데 이제는 그때와 마음가짐이 달라지고 있다. 아플 때일수록, 내가 정말로 소중히 여겨야 할 것들을 발견할 수 있음에 오히려 감사해야겠다는 생각이 든다.

천천히 걷고, 때로는 멈춰 서야만 보이는 세상이 얼마나 매력적인지 알게 되었다. 살아가면서 그토록 어리석게 지나쳐 온 소중한 것들이 많은 것 같다. 아프지 않을 때는 그 소중함을 깨닫지 못하고 살아온 내 모습이 떠올랐다. 이제는 그것들이 얼마나 귀한지, 그리고 얼마나 감사해야 할 일인지 새삼 느끼고 있다.

예전에는 그저 달리기만 하며 목표만 바라봤다면, 지금은 멈추고 숨을 고르며 주위의 작은 것들까지도 눈에 담을 수 있을 것 같다. 그리고 그 속에서, 나를 아끼는 사람들의 따뜻함도 더욱 깊이 느껴야겠다. 천천히 가야 보이는 것들, 그리고 아파야만 비로소 깨닫게 되는 것들이 얼마나 소중한지, 이제는 진심으로 알게 되었다.

끈기와 인내

함께 걸어온 질문
Q12. 나는 오늘 왜 걷는가? 내일도 나는 왜 걷는가?

 3일을 걸었고, 이제 이틀 남은 시점이 되니 마음이 복잡해져 왔다. 곧 끝이라는 안도감과 더 걸었으면 하는 아쉬움이 교차되고 있기 때문이다. 이렇게도 매일, 아니 매 순간 몸과 마음이 롤러코스터 타듯 달라지는 순례길이 신기할 따름이다. 그런데 알게 모르게 중압감까지 더해지고 있다. 순례길에 나섰으니, 뭔가 절대적인 깨우침을 얻어야 한다는 부담감이 나를 짓눌렀다.

 안 되겠다 싶어 억지로라도 무언가 끄집어내려 아등바등 생각의 꼬리를 물었다. 여기 와서 난 무엇을 느끼고 있는가. 4일 간의 순례길은 어땠는가. 그렇게 성찰의 끝을 알아가기엔 5일의 순례길은 낯부끄럽게 너무나 짧았다. 이거 걷고 무슨 해탈을 하겠다고 말이다.

하지만, 이 질문 하나만은 꼭 답을 찾고 싶었다.

"나는 과연 이 길의 끝에서 무엇을 얻어 갈 것인가?" 직장인으로서 퇴사하지 않으면 가기 어려운 산티아고를 선택했고, 100km나 되는 길을 굳이 찾아 걷기로 했고, 이렇게 처량하게 비도 맞고, 밥도 잘 못 먹으며 힘겹게 걷고 있는 이 길에서 정말 이 질문만큼은 꼭 답을 찾고 싶었다. "그냥 걷는 거야. 무슨 답이 있겠어?"라는 대답도 좋고, 뭐라도 좋으니, 나만의 답을 찾고 싶었다.

나는 과연 무엇을 위해 이 길을 걷고 있을까? 지금껏 어떤 생각들이 나를 스쳐 갔는지 곰곰이 떠올려 보았다. 불편했던 사람들을 용서해 보기도 하고, 우두커니 서 있던 표지석을 보며 내게 의미 있는 일이 무엇인지 정의해 보기도 했다. 길을 잃고 나서야 길이란 무엇인가를 생각해 보기도 하고, 좋아하는 것과 잘하는 것의 차이를 곱씹어 보기도 했다. 참 다양한 생각들이 스쳐 간 것 같다.

그리고 깨달았다. 그 모든 깨달음은 내가 선택하고 행동한 결과라는 것을. 인간은 언제나 삶과 죽음 사이에서 선택해야 한다. 우리는 선택하고 행동하여 그 결과를 내 것으로 만든다. 그리고 여기에 한 스푼 더해지는 것이 바로 끈기와 인내를 가지고 포기하지 않는 꾸준함이다.

물론, 포기도 하나의 선택임을 존중한다. 때로는 포기하는 용기가 도전보다 위대할 수 있으니 말이다. 다만 내가 진심을 다해 내게 부끄럽지 않고 내 선택이 옳았다고 자부하려면, 그 옳음은 포기하지 않고 꾸준하게 노력하여 진짜 내 것이 된 값진 경험이어야 한다. 지금 여기, 80km 남짓 포기하지 않고 순례길을 걷고 있기 때문에 어쩌면 난 순례길에 대해 미비하게나마 이야기할 수 있는 힘이 생겼고, 이렇게 걸었기에 어디든 갈 수 있고, 무엇이든 끌고 갈 수 있는 인내력이 생겼다고 자부할 수 있다.

솔직히 말하자면, 타인의 시선 때문이 아니라, 스스로의 이유로 포기한 경우가 너무나 많았다. 수많은 이유 속에 나의 부끄러운 모습을 숨기며 살아왔다. 정말이지 떳떳하지 못했다. 사람들 앞에 나서서 '난 무얼 하는 사람이다'라고 당당하게 말하지도 못했고, 스스로 분야의 최고 지점에 도달할 정도로 끈기와 인내로 버틴 적도 드물었다.

이제 더 이상 그러고 싶지 않다. 무엇보다 내게 솔직한 내가 되고 싶다. 키보드가 박살 날 정도로 글을 써보고 싶고, 발톱이 다 빠질 때까지 매일 뛰어보고 싶고, 손목이 저릴 정도로 공부에 몰두해 보고 싶다. 끝까지 잘 해내고 싶어서 밤을 새우고, 아주 새하얗게 나를 불태우고도 싶다. 물론 모두가 한 번쯤은 이런 끈기의 패기로 무언가를 경험해 본 적이 있을 것이다. 하지만 솔직히 말해, 조금씩 절실함에서 비롯된 끈기가 사라지고 있다는 것을 느꼈다.

그런데 이번 길은 다르다. 책임감과 절실함이 묻어 있는 끈기와 인내는 물론이거니와 여유가 한 스푼 첨가된, 즐길 수 있는 인내가 생긴 것 같다. 정말이지 과정을 즐거이 버틸 수 있는 힘이랄까? 이 길의 끝이 내 인생의 종착점이 아니기에, 다음 스텝을 이어갈 수 있게 나만의 끈기와 인내를 얻을 것임을 믿어 의심치 않는다.

Q 나는 오늘 왜 걷는가? 내일도 나는 왜 걷는가?

일기를 쓸 때를 잘 생각해 보면, '오늘 무엇을 했고, 어떤 느낌을 가졌으며, 내일은 어떻게 하루를 보낼지'와 같이 과거를 검토하고 미래를 계획한다. 일기에는 현재가 없다. 아마 그래서 내일의 내가 할 것이라는 믿음으로 현재를 포기하는 경우가 왕왕 있었던 것 같다. 지금 포기하더라도, 미래의 내가 언젠가 필요에 따라 해낼 것이라는 기대 말이다.

  하지만 앞서 말했듯, 우리는 지금 태어나 지금 죽는다. "언젠가 하겠지."라고 말하는 언제는 미래일 것 같지만 사실은 그 언제조차 그때의 지금이니, '언젠가'라는 말은 결국 지금이 아니면 하지 않겠다는 뜻과도 같다. 지금, 이 순간에 진심을 다하지 않으면, 결국 이뤄지는 것은 없다는 것이다.
  진심을 다해 놀고, 진심을 다해 일하고, 진심을 다해 표현하고, 때로는 진심을 다해 포기해 보는 것이 지금 내가 살아 있다는 것을 증명하는 게 아닐까 싶다. 그렇다고 죽을힘을 다해 열심히 살라는 말은 아니다. 그저 오늘도 내게 가장 진솔하게, 진심을 다해 살았으면 한다. 거짓 없이, 부끄럼 없이, 나에게 있어 가장 당당하게.

  그래서 나는 걷고 싶기에 진심을 다해 지금 걷고 있고, 내일의 나도 걷고 싶을 것이기에 그 순간 잘 걷고 있을 것이다.

이유는 없다. 걷고 싶기에 진심을 다해 걷고 있을 뿐.

침낭

산티아고 순례길을 준비하면서, 아마도 많은 사람들은 필수품 중 1순위로 침낭을 선택했을 것이다. 그런데 지금 나는 그 무엇보다도 1순위로 침낭을 버리고 싶다. 마드리드, 산티아고, 바르셀로나를 통틀어 침낭을 쓴 건 단 한 번뿐이기 때문이다.

침낭을 챙겨오는 이유는 두 가지 정도로 꼽을 수 있다. 첫 번째, 최근 한국에도 지하철이나 기숙사에서 많이 번지고 있다는 빈대, 즉 배드 버그 이슈 때문이다. 정말이지 이해 가지 않는 것 중 하나이긴 한데, 그 잘나가는 유럽 국가에서 빈대 하나 잡지 못하고 있다니 믿어지지가 않는다. 우리나라는 8090 때 방구차들이 열심히 동네를 돌아다니며 방귀를 뀌기도 했고, 속설로 연탄에 질식했다는 이야기가 있을 정도로 빈대가 없기로 유명한데 말이다. 아마도 유럽 국가는 옛날부터 내려오는 것들을 그대로 쓰기 때문에 오래되고 습한 나무들 사이에 빈대들이 번식해서 그런 게 아닌가 싶다.

빈대는 피를 빨아먹는다. 그래서 한번 물리면 핏줄을 따라 여러 방을 물리는 건 기본이다. 또한 물렸다 하면 모기 간지러움보다 몇 배에 가깝고, 고통의 기간도 너무도 오래가며, 자칫 피부가 부풀어 올라 터지는 경우도 있다. 그래서 그런가? 유튜브에서 배드 버그 이슈 때문에 순례길을 포기한 사람들도 종종 발견할 수 있었다. 나 또한 막바지에 배드 버그 때문에 순례길을 포기할까 한 적이 있기 때문에, 빈대에 대한 무서움은 말로 표현 못 할 정도로 강력했다.

그 빈대가 출범하는 곳이 다름 아닌 알베르게이다. 알베르게는 공립과 사립, 오래된 곳과 신식이 공존해 있기에 배드 버그가 있는 것은 사실 랜덤이기는 하나, 침대 틀이 나무로 되어 있으면 거진 100% 배드 버그가 존재하고, 철로 되어 있고 침대 보를 매일 바꾸는 곳이라 해도 약 5~10%는 배드 버그가 존재할 수도 있어서 어느 알베르게도 안전한 곳이 없다. 또한 침대를 들었을 때 조그마한 점처럼 되어 있는 배드 버그 시체 자국들이 남아 있다면 100% 위험한 곳이다. 그래서 알베르게에서 아무리 잘해준다 해도, 내가 갖고 온 침낭만큼 믿을 만한 게 또 없다. 이것이 우리가 침낭을 필수품으로 갖고 와야 하는 이유이다.

두 번째 이유로는, 12월~3월의 겨울 산티아고는 냉랭하여 이왕이면 두터운 침낭으로 보온을 하기 위함이다. 내게 있어 산티아고 스승 '미니멀유목민' 박 작가님은 침낭 외피만을 들고 순례길을 나선 것으로도 유명하다. 추우면 점퍼에 외피를 입고 자면 된다는 주의이시기 때문이다. 하지만 아무래도 순례길 왕초보인 나는 '혹시 모른다'라는 이유로 뚱뚱한 침낭을 챙겼다.

덕분에 배낭 사이즈는 한 단계 더 큰 걸로 구입하게 됐고, 배낭의 1/4 면적을 침낭이 온전히 차지해 버렸다. 그리곤 억울하게도 단 한 번을 제외하곤 침낭은 배낭 바닥에 늘 고정된 채 나온 적이 없었다.

내가 머물렀던 알베르게는 죄다 신식이었고, 침대 틀도 쇠, 침대 밑도 깨끗, 침대 보도 늘 새것을 주었기 때문이다. 그리고 되려 더워서 잠이 깰 정도로 난방도 따뜻하게 해주어, 침낭을 꺼낼 이유가 없었다. 그럼에도 침낭을 써본 이유는 여기 왔으니, 한 번은 꺼내봐야지라는 마음과 혹시나 하는 마음 때문이었다. 'Sarria'에 도착했던 날, 물론 침대는 깨끗했지만 지레 불안한 마음으로 침낭 속에서 잠을 청해보았다. 역시나 아무 일도 일어나지 않았다. 그래서 그날 이후론 배드 버그가 없다는 믿음이 생겨 침낭을 써본 적 없었고(사실 지쳐 쓰러지기 일쑤였기 때문이다) 배드 버그 이슈 또한 단 한 번도 일어나지 않았다. 물론, 이건 내게만 해당하는 특별한 럭키일 수도 있다. 모두가 나처럼 안전할 거라는 보장은 할 수 없다. 다만 이번 경험을 통해 다음 여행 때는 나 또한 침낭 외피만을 챙겨 혹시 모를 배드 버그만을 주의해야겠다고 다짐했다.

우리는 늘 혹시 모를 일에 대비하려 한다. '혹시 모르니깐, 더울지 모르니깐, 추울지 모르니깐, 다칠 수도 있으니깐' 당연히 내가 경험하지 못한 것에는 불안감이 따라올 수밖에 없기에 충분히 대비하려는 마음이 들 수밖에 없다. 하지만 잘 알아둬야 할 건 이 불안함이 내게서 오는 것인가? 다른 사람을 통해서 오는 것인가이다. 냉정하게 이야기해서 혹시 모를 일의 불안감은 이름 모를 다른 사람의 불안일 뿐이라서 신경 쓸 것도 없고, 내 것으로부터 온 것이라면 '혹시나' 하는 생각은 절대 따라오지 않을 것이다. 이렇게 해야겠다는 확신만이 있을 뿐이다.

혹시나 하는 마음에 되려 우리가 지금 중요하게 여겨야 하는 것을 놓치는 것이 아닌가, 한 번쯤 생각해 볼 필요가 있다. 알베르게가 추우면 또 어떤가? 옷 두껍게 입고 자면 그만인 것을. 짐이 무거워 걷는 것을 포기하는 것보다 가벼이 걸어 이 길을 온전히 즐기는 것이 제일 큰 우선순위 아니겠는가? 그래서 이제는 다른 이와 나의 경험을 조화롭게 믹스하여 조금 더 현명한 방법을 선택하기로 했다. 그로 인해 나의 걸음걸이가 한껏 가벼워질 수 있기를 바라본다. 내 침낭은 비싼 거라 결국 버리지는 못했다.

혹시나 펼쳐본 한 번뿐인 침낭

부엔까미노 01

함께 걸어온 질문

Q13. 성장하고 있는 자신을 어떻게 생각하시나요?

　비수기의 순례길이라 그런가, 생각보다 마주치는 순례자들이 많지 않았다. 하루 동안 최소 한 명에서 10명 남짓 정도이다. 사실 순례자를 그리 인식하지는 않지만, 함께하는 순례자가 있으면 재밌겠다 싶으면서도 그렇다고 오래 함께하고 싶지는 않은 마음이 들쭉날쭉하다. 어느 날이었다. 영상을 찍겠다고 잠시 속도를 늦추면 다른 순례자는 앞으로 지나가고, 그가 천천히 걸으면 또 내가 앞질러 가며, 몇 번을 앞뒤로 교차하며 걸었다. 그분과는 왠지 모를 인연이 된 것 같아 반갑기는 했지만, 같이 속도를 맞춰 걷지는 않았다. 그저 각자의 속도를 존중하며 걸을 뿐이었다.

　또 내가 아주 처량하게 홀로 절뚝거릴 때도 지나가던 순례자들은 멈춰 서서 도와주지 않았다. 매정하다고 느껴질 정도로 쌩하고 걸어가지만 어쩔 수 없다. 또 어떤 길목에선 카페에 들어가는 순례자를 부러워하면서도 난 결국 내 길을 걷는 걸 선택한 적도 있었다. 내가 정한 속도와 가야 할 길이 있었기 때문이다. 이처럼 순례자들은 같은 방향을 향해 걸어갈 뿐, 길을 걷는 방법은 서로의 간섭 없이 저마다 존중받고 있다. 난 이런 순례길이 참 매력적으로 느껴졌다.

여기에선 내게 이렇다 할 관심을 주는 사람이 없기에 힘들거나 외로울 때도 있었지만 그렇다고 가는 사람을 붙잡고 나의 이야기를 토로할 수는 없다. 그가 걸어왔던 길도 얼마나 힘들고, 흥미로웠을지를 알기에 그저 "부엔까미노!" "좋은 길 되세요."라고 진심을 다해 엄지척 응원만 해줄 뿐이다.

"너는 어디서부터 걸어왔어?? 다리 아픈 것 같은데 괜찮아??? 힘내보자! 부엔까미노." 절뚝거리고 있는 내게 어느 순례자가 웃으며 말을 걸어왔다. 그 웃음 속에 담긴 따스함은 말하지 않아도 전달되었고, 나도 미소로 답했다. 그는 내 짧은 이야기를 집중해서 들어주고는, 다시 자신의 길을 떠났다. 우린 서로의 말을 온전히 받아들여 줬다. 자신의 말을 나불거리지 않고 온전히 서로의 이야기에 집중해서 들어줬다. 혹시 영어가 딸려 들어주기만 한 걸까??? 그럼 또 어떤가, 되려 언어를 알아들을 수 없어 편안하게 들어주는 것에 나는 존중과 따스함을 느꼈다. 그 작은 한마디 말에 진심 어린 위로와 응원이 전달되어 더 힘이 나는 경험을 하게 된 것이다.

사실, 산티아고에 오기 전 사람들과의 대화에서 괴리감이 들어 지쳤던 적이 있었다. 말이라는 것이 무엇인지, 그 속에 존중이 있는지, 그리고 우리가 하는 말이 누구를 위한 것인지에 대해 고민이 많았다. 이 고민을 순례길에서 풀고 싶어 오래도 묵혀두었다.

EP-1

순례길을 걷던 중 한국에 있는 친구와 통화한 적이 있었다. "순례길은 어때?? 괜찮아?" 호기심 어린 질문에 나 또한 답해주려던 찰나, 연이어 '나는 이렇게 산다'라는 친구의 하소연이 시작됐다. 평소에도 내가 들어주는 포지션이라 다를 게 없었지만, 그날따라 묘한 기분을 숨길 수 없었다.

친구는 나의 상태보다 본인의 할 말만 늘어놓고 전화를 끊었다. '아…. 사람들은 다른 사람에게 별 관심이 없구나? 본인이 관심 가는 분야나, 무언가와 연관되어 있을 때만 질문하고 들어줄 뿐, 그게 아니고서야 말조차 섞지 않는구나…. 무척 가깝고 친하다고 생각했는데 그게 아니구나…' 새삼 나의 마음을 전달하지 못했던 일방적인 대화에 힘이 빠지고 말았다.

본인의 생각과 가치관을 표현하고 이해받으려 한 만큼 다른 사람의 이야기도 그만큼 소중할 텐데, 우린 언제부턴가 자신의 이야기만을 고집하기 바쁜 세상에 살고 있음에 속상함을 느꼈다.

그런데 순례자들은 상대의 말에 귀를 기울이며 온전히 받아들여 준다. 분명 그들은 각기 다른 스토리를 안고 이 길에 서 있을 것이다. 너무도 특별하고 소중한 스토리일 것임이 분명하다. 하지만 그들은 알고 있다. 자신의 이야기만이 특별하지 않다는 것을 말이다. 순례자들끼리 만나면 그간의 이야기, 으스대는 이야기, 남을 평가하는 이야기, 나만이 관심 있어 하는 이야기보단 옅은 미소와 열린 귀로 지금 우리의 이야기에 더 집중하려 한다. 내가 소중한 만큼 상대도 소중하다는 것을 알게 된 순간이다.

EP-2

"옳고 그르다를 따지는 게 아냐. 나는 이렇게 생각하는 사람이고, 이런 나를 인정해 주면 안 돼?"라며 언젠가 친구에게 소리쳐 이야기한 적이 있었다. 싸움은 늘 옳고 그름, 정답이냐 아니냐를 이야기하는 게 보통인데 난 그게 싫었다.

"나도 그렇게 생각하는 네가 이해 안 되지만, '너는 그렇게 생각하는 사람이구나'라고 인정하는 것처럼, 너도 내가 이렇게 생각하는 사람이구나, 라고 인정해 주면 안 되겠어? 옳고 그름의 문제가 아니잖아." 울화통이 터졌다.

본인이 이해되지 않은 것이라면 다른 사람의 가치관조차 부정하고 인정하지 못하는 것을 느꼈다. '나는 옳고 너는 틀려'라는 이중적인 판단을 우리는 알게 모르게 갖고 있던 것이다. 그런데 '그때는 옳고 지금은 틀리다'라는 말이 있듯 내 생각도 내 가치관도 모든 일은 자연스레 변화된다. 그러니 정답이라는 것은 존재하지 않는다는 걸 알았으면 하는 마음이 간절해졌다. 방법이 다를 뿐 그의 말도, 나의 말도 옳다는 것을 인정해 줬으면 했다.

순례길의 시작점은 다양하다. 하지만 '사리아'에서 왔건, '생장'에서 왔건, 어디에서 왔건 간에 우리는 모두 산티아고 데 콤포스텔라 최종 목적지를 향한다. 각자의 사정과 스토리로 시작이 다를 뿐이다. 순례자 표식이 역삼각형 모양의 조개인 이유에는 모두가 다 다른 곳에서 출발하여 최종 목적지 한곳으로 향한다는 뜻도 있다. 각자의 방법이 다를 뿐 그의 길도 나의 길도 모두 같은 곳을 향한다는 걸 인정해 주고 있다.

그러니 "그렇구나! 그렇게 생각할 수 있어." 이 한마디로 모두의 방법을 인정해 주길 바라본다. 상대를 인정하는 순간 그의 경험도 내 것이 되어, 결국 더욱더 큰 성장을 성취할 수 있음을 알았으면 좋겠다.

EP-3

어떤 모임에서 자신의 결과물에 선배들이 '피드백(고칠 건 고치고 잘한 건 칭찬받아 많이 배워가자)'을 주는 시스템이 있다. 거기에선 선물이라는 명목으로 피드백을 잘 받으라고는 하지만 선물이랍시고 자신의 생각을 있는 그대로 내뱉어 버리는 사람들도 있었다.

"이건 이상해요. 잘못됐어요."

"저는 이런 의미로 시도해 본 건데, 이렇게는 이상했나요?"

"그런 마음이 전혀 느껴지지 않아요. 이건 이렇게 바꾸면 좋겠네요."

"그건 다른 의미의 이야기 같은데, 제가 했던 의미로 잘하려면 어떻게 해야 하나요?"

"아뇨. 그건 좀 아닌 것 같아요."

답답했다. 나의 상황을 이해해 주기보다 자신의 이야기만 주장하는 것이 답답했다. 피드백이라는 것이 회사에선 높은 사람이니깐 '내 말 들어'라는 뜻일 수도 있고, 사회에선 '아냐. 그것보단 이게 맞는 것 같아'라고 쉬이 조언같이 남발될 수도 있다. 솔직한 말로 선배라는 사람들은 피드백하는 데 있어 자신의 실력을 돌아보며 이야기하는 것일까. 다른 사람의 상황을 온전히 이해하고 말해주는 것일까. 그저 자신이 아는 것, 옳다고 생각하는 것을 이야기하며 상대를 누르기에만 급급하다.

피드백은 상대에 대한 존중과 그 말에 대한 본인의 책임을 져야 한다고 생각한다. 그렇기에 더욱 신중해야 하고, 함부로 해서는 안 된다. 피드백의 목적은 상대가 잘 되길 바라서 하는 것이지, 나의 자랑 뽐내기가 아니기 때문이다. 우리의 생각이 다른 것처럼 잘 된다는 기준 또한 전혀 다른 형태이다. 그는 어떤 사람이고, 어떤 가치관으로 생각을 하는 사람인지 충분히 인지하고 인정하며, 그를 존중하는 마음으로 책임감 있게 이야기를 이어가기를 바랄 뿐이다. 나의 경험이 존중받아야 하듯, 상대의 경험도 존중받아야 마땅하다.

Q 성장하고 있는 자신을 어떻게 생각하시나요?

실력으로서의 성장이 중요한 만큼 최근에 만난 멋진 어른을 보면서 사람으로서의 성장이 얼마나 중요한지 다시 한번 깨닫게 되었다. 품격과 인성이 너무나도 넓고 깊은 그런 인자하신 큰 어른이었다. 20살 정도 차이 나는 내게, 같은 일을 하고 있다는 이유만으로도 참으로 깍듯하게 대해주시던 분이었다. 작은 이슈 하나에도 먼저 연락 주시며 나의 마음, 나의 상태를 먼저 헤아리시고 예의와 존중을 갖춰서 내게 말씀을 하신다. 속상한 일이 있었을 때도 선뜻 전화를 주셔서 자신도 그런 속상함에 힘들어한 적이 있었다며 충분한 공감으로 다독여 주시는 정말 큰 어른이셨다. 그분께는 나이 차는 전혀 중요치 않았고, 사람으로서 마땅히 존중받는 느낌이 너무도 크게 와닿았다. 그분의 말에는 척이 없고, 품격만이 존재했다.

그분은 어느 한 대기업의 대표이셨다. 직원들 앞에서는 무섭도록 강하신 부분도 있었으며, 자식 앞에서는 소탈하시고, 친구들 앞에서는 한없이 장난꾸러기셨다. 그리고 나에게도 나이 차이를 떠나 한 사람으로서의 존중과 예의를 다해주셨다. 적재적소에 어울리게 행동하시는 모습에 그분의 기본 품격이 얼마나 깊은지를 다시금 깨달았다.

매서운 눈빛으로 옳고 그름을 파악하시면서 표현만큼은 상대의 상황을 이해하며 존중의 어법으로 자신의 말씀을 전달하시는 모습에 '사람으로서의 존중'은 이런 것이라는 것을 깨달았다. 백 마디 말과 크디큰 선물보다 이분의 한마디가 내겐 더 소중해졌다.

나는 사람으로서의 성장을 늘 바라고 있다. 세상엔 나와 다른 방법이 있을 뿐 틀린 것은 없기에, 늘 나와 다른 것을 이해하고 존중하려고 노력하고 있다. 물론 아직도 미성숙한 면이 있어 상처를 받기도 하고, 일방적으로 화를 내기도 하지만, 노력할 것이다.

모든 이들의 삶은 매우 치열했기에, 나의 허튼 백 마디의 피드백은 그들에겐 전혀 도움 되지 않는다. 되려 그들의 삶 속의 지혜를 받아들여 내가 더 큰 성장을 할 수 있다는 믿음과 그럼으로써 우리가 모두 성장할 수 있다고 믿는다. 결국 다름으로부터 오는 아름다움이 세상을 꽃피울 것이다.

순례길을 걸으며, 나는 백 마디의 말보다 진심 어린 응원 한마디가 얼마나 큰 힘이 되는지 알게 되었다. 그 말속에는 상대의 존재 가치를 존중하는 마음과 그 말에 대한 나의 책임이 담겨 있을 것이다. 그래서 오늘도 난 그저 웃으며 인사한다. "부엔까미노. 좋은 길 되세요."

안녕, 나는 잘 걷고 있어.

해가 뜬다

함께 걸어온 질문
Q14. 나다운 것은 무엇일까?

산티아고 순례길을 걷다보면 마주하게 되는 풍경들은 그 자체로 하나의 예술이었다. 특히 오늘 본 풍경은 그중에서도 단연코 가장 찬란했다. 비가 그친 후 촉촉하게 물기를 머금은 짙은 초록의 나뭇잎, 낮게 깔린 안개, 그리고 그 안개 속에서 은은하게 퍼져나가는 햇살의 곡선이 만들어 내는 풍경은 정말이지 황홀했다.

갈색빛의 나무들은 촉촉한 잎사귀에 반사된 햇살로 인해 온몸이 빛나는 초록빛 옷을 입고 있었다. 가지에서 가지로 얇고 가느다란 줄기들이 엉키고 엉켜, 마치 나뭇잎이 없어도 풍성한 머리를 가진 것처럼 보이는 나무들은, 후광으로 햇살이 투영돼 그 자체로 자연이 빚어낸 완벽한 조형물이 되었다. 나무 아래 쌓인 낙엽마저도 이슬로 반짝이며 찬란한 빛을 뿜어내고 있으니 그 순간, 나는 '찬란하다'라는 말의 진정한 의미를 깨닫게 되었다. 순례길은 그야말로 빛과 자연이 만들어 낸 찬란함 그 자체였다.

어떻게 이런 자연이 존재할 수 있을까? 나는 자연을 너무도 사랑하기에, 이 길이야말로 지상낙원이 아닐까 싶었다. 잠시 걸음을 멈추고 우두커니 서서 한참 나무를 바라보았다. 바람에 흔들리는 가지들, 그 가지 사이로 반짝이는 햇살들, 그 모든 것을 바라보는 동안 내 안에 있던 모든 생각들이 사라졌다. 마음속 깊은 곳에서부터 초록빛 고요함이 찾아왔다. 이 대자연 앞에서 나는 마치 순수한 어린아이로 돌아간 듯한 기분이었다. 입가에는 미소가 떠오르고, 시원한 바람이 살랑살랑 내 살결을 스치며 내 몸을 가볍게 해주었다. 콧속으로 들어온 신선한 공기가 머리부터 가슴, 폐, 그리고 배를 지나 다리 끝까지 스며드는 듯한 기분이었다. 모든 것을 받아들일 준비가 될 정도로 마음이 한결 가벼워졌다.

자연 앞에서는 왜 이렇게 마음이 편안해질까? 순례길을 따라 자라는 나무들은 스스로 낙엽을 떨구고, 새 잎사귀를 내며, 비가 오면 비를 맞으며, 이끼가 끼면 끼는 대로, 나뭇잎이 덮이면 덮이는 대로, 때가 묻지 않은 자연 그대로의 순수함을 지키고 있다. 나무들이 그런 자연스러운 모습을 보여주기 때문에 그 앞에 서 있는 나도 덩달아 순수해지는 것일지도 모르겠다. 자연은 나에게 아무것도 바라지 않고, 나 또한 자연에게 아무것도 바라지 않는다. 우리는 그저 있는 그대로의 모습으로 서로를 바라보고 있을 뿐이다.

다시 걸음을 옮겼다. 고요했던 순례길은 자박자박 낙엽 밟는 소리와 새 지저귀는 소리만으로 꽉 채워지고 있다. 쩍쩍, 자박자박, 그곳에는 오직 자연과 나, 둘뿐이었다.

이 길에는 나에게 잔소리하거나, 잘난 척하며 다투는 사람도 없고, 유혹하거나 소음으로 가득한 어떤 것도 존재하지 않았다. 그러니 누군가가 만들어 놓은 거대한 것에 주눅 들 필요도 없고, 화려한 것에 비교당해 마음 아파할 일도 없었다. 탐욕, 승부욕, 경쟁심, 욕심, 그런 모든 것들이 부끄러워질 만큼 아무짝에도 쓸모없다는 것을 깨달았다.

Q 나다운 것은 무엇일까?

대자연처럼, 깎이면 깎이는 대로, 비 맞으면 비 맞는 대로, 나뭇잎이 무성할 때도, 나뭇잎이 다 떨어져 허전할 때도, 그저 있는 그대로의 모습으로 살아가고 싶어졌다. 비를 피하겠다고 천막에 들어가 결국엔 물이 말라 언젠가 죽는 것보다 쏟아지는 비에 안개가 생기고, 그로 인해 햇살에 더 찬란하게 빛나는 나무가 되겠다. 그것이 어쩌면 더 아름다운 내가 될 것이고, 곁에 함께해 준 이들 또한 나로 인해 건강한 자신을 만났으면 좋겠다.

불필요한 꾸밈은 나를 나답게 하지 못한다는 것을, 이제야 조금씩 알게 됐다. 나를 표현할 때 부차적인 설명 없이 그저 내 이름 세 글자가 브랜드가 될 수 있도록 그렇게 내게 주어진 것에 진심을 다할 수 있기를 바라본다.

오늘 나는 그 찬란한 자연 앞에서 홀딱 벗겨진 꼬맹이가 돼버렸다.

O Pedrouzo;
1일 1빨래의 여정

　드디어 오늘의 종착지인 '오 페드로조'에 도착했다. 오늘 걸었던 길은 다리가 아파 절뚝거리며 천천히 걸었지만, 그래서 더 특별하게 느껴졌다. 길을 걷다가 다그닥 다그닥 멋지게 달리는 말도 보고, 동네 마실 나온 검은 고양이들과도 놀며 18.98km를 4시간 2분 13초 동안 즐겼던 순례길이었다.

　그러나 막바지에 이르러서는 다리가 너무 아파 거의 질질 끌며 걷느라 서러움도 북받쳐 왔다. 그런 순간에는 늘 그렇듯 마음속 깊은 곳에서 "아우씨."라고 하소연이 터져 나오고, 오늘은 꼭 맛있는 걸 먹어야겠다는 다짐이 루틴처럼 따라온다. 말 나온 김에 오늘은 정말이지 맛있는 걸 꼭 좀 먹어야겠다. 돈은 중요치 않다. 가장 비

싸고 맛있는 것! 매번 마을에 도착할 때마다 다짐하지만 실패한 음식 때문에 어쩌면 마지막 밤이 될 오늘은 꼭 해내고 싶다는 강력한 의지가 샘솟기 시작했다.

분명 천천히 걸었다 생각했는데, 아직 체크인 시간이 아닌 건지 숙소는 문이 닫혀 있었다. 어쩔 수 없이 밥부터 먹어야 하는데 웬일인지 이 동네는 문을 연 식당 하나 없이 한적해 보이는 동네였다. "밥을 먹을 수 있긴 한 걸까??" 불안감이 스멀스멀 올라왔다. 구글에서 알려준 슈퍼는 문이 닫혀 있고, 겨우 찾아낸 맛있어 보이는 음식점은 단체 손님으로 이미 예약이 풀로 차 있다고 날 내보내 버렸다. 이런…. 이러면 안 된다. 난 밥을 먹어야 하는데…. 그것도 아주 맛있는 밥을…. 돌고 돌아 숙소 근처에 조그마한 식당을 겨우 찾아냈다. 웬 여성 두 분이 테이블에 앉아 수다를 떨고 계시길래 조심히 물어봤다. "여기 오픈했나요?? 밥 먹을 수 있어요?" "그럼요! 들어오세요. 몇 분이세요?" 앉아 계셨던 분 중 한 분이 재빠르게 일어나 나를 응대해 주셨다. "저 한 명이에요!! 그런데 혹시 순례자도 괜찮나요?" 워낙에 하얗던 식당이기에 비에 젖은 우비와 배낭이 민폐가 되지는 않을까 걱정이 되면서도, 꼭 먹고 싶다는 간절함을 담아 불쌍한 표정을 지어 보였다. "그럼요, 괜찮고 말고요. 들어오세요."

오, 하늘이시여. 너무 감사했다. 외관은 작아 보였지만 테이블마다 정갈하게 세팅되어 있고, 자화상 같은 그림도 걸려 있는 아주 깨끗하고 세련된 식당이었다는 것이, 마음이 놓인 후에야 눈에 들어오기 시작했다.

"우선 생맥주 한 잔 주세요." 시원한 맥주가 와인 잔에 담겨 나오는데, 사장님이 천사처럼 보였다. "오~ 감사합니다." 아마도 음식이 나올 때마다 감사함이 가슴 깊이부터 튀어나와 하이텐션으로 감사를 표현했던 것 같다. 맥주는 고생한 나에게 보상해 주듯 온몸을 시원하게 감싸주었다. 이게 진짜 맥주지! 오늘의 음식은 그 어느 때보다 신중해야 했다. 나는 지금 매우 진심이다. 오늘만큼은 정말 실수하면 안 된다. 봐도 무슨 말인지 모르는 메뉴판은 이제는 믿을 수 없어, 도움이 안 된다는 것을 알게 됐고 양념으로 감싼 조리 음식 또한 오늘만큼은 안 먹겠다고 다짐했다. 구글에서 사람들이 올려놓은 음식 사진 중 조리가 안 된 순수 그 자체로 먹을 수 있는 가장 맛있어 보이는 음식 사진을 콕 찍어 물어봤다. "이건 뭐예요? 이거 돼요???" 그렇게 성공적으로 시킨 것이 찐 포테이토와 미디엄 레어로 구워준 스테이크였다.

"소스 없이 고기에 소금을 친 스테이크는 진짜 모든 나라가 똑같은 맛이겠지?? 아!! 소금!!! 사장님! 사장님!!" 매우 다급했다. "사장님, 씨 셀 씨 셀!!" 오늘만큼은 소금 지옥에 빠지고 싶지 않아 씨 셀을 온 힘을 다해 외쳤다. 그럼에도 음식 특성상 소금이 일부 뿌려져 나올 수밖에 없었는데, 웬걸 이것마저 살짝쿵 짰다. "휴…. 씨 셀이라고 안 외쳤으면 어쩔 뻔했을까??" 그래도 이번 음식은 순례길 역사상 처음으로 가장 맛있게 먹은 거라 모든 게 용서됐다. 아마 혼자 와서 이렇게 비싼 음식을 마음껏 먹는 사람은 처음 봤겠지만, 맛있는 음식과 맥주 두 잔에 행복해진 나에겐 돈은 문제 되지 않았다. 알딸딸하고 행복해진 상태로 터벅터벅 다시 배낭을 메고 숙소로 향했다. 이번 숙소는 2인실이라 어떤 분이 오실까 기대 반 걱정 반이었는데, 감사하게도 한 분이 오지 않으셨는지, 2인실을 혼자 쓸 수 있는 영광을 얻게 됐다. 싱글 침대 2개가 붙어 있는 구조라 만약 누군가 왔으면 굉장히 어색할 뻔했는데 천만다행이다.

기분 좋게 씻고 한껏 뽀송해진 기분으로 빨래와 이어폰 그리고 크록스를 신고 숙소 근처 코인 세탁소로 향했다. 이 자연스러워진 행동은 마치 이곳에 아주 오래 산 주민 같다랄까? 이미 나도 모르게 산티아고 매력에 흠뻑 빠져버린 것 같다. "흠…. 이렇게 코인 세탁소가 마을마다 있다니, 산티아고에서 코인 세탁 장사나 해볼까?" 이런 쓸데없는 생각까지 드는 것 보니, 산티아고가 편해지긴 했나 보다.

이런 내게 정신 차리라는 것일까? 건조기를 잘못 돌려 산티아고와 함께했던 후리스가 아주 쫄티가 되어버렸다. 한국 와서 이 모습을 본 아내가 깔깔 박장대소를 하며 시골에서 이제 막 상경한 시골 청년인 줄 알았다고 놀려대기 전까지, 난 그 옷과 열흘을 함께하며 사진을 찍어댔으니…. 참으로 부끄럽다. 1일 1빨래를 버티느라 옷도 힘들었을 텐데 이 자리를 빌려서 옷에게 너의 수고를 잊지 않겠다고 기도해 본다. 순례길은 아직 끝나지 않았다. 정신 차리자.

오늘의 거리

- 장소: Arzua to O Pedrouzo
- 거리: 18.98km
- 시간: 4시간 2분 13초

안녕, 나의 후리스.

5장 Day 04

- **장소** 오 페드로조(O Pedrouzo) - 산티아고 데 콤포스텔라(Santiago de Compostela)
- **거리** 18.56km
- **시간** 3시간 58분 11초

삼촌은 왜 걸어?

어김없이 눈이 떠졌다. 오늘은 모처럼 만에 푹 잤는지 몸이 개운했다. 싱글 침대 2개를 모두 차지하고 넓게 편히 잘 수 있어서인가 보다. 실눈으로 시계를 확인하니 새벽 4시를 가리켰다. 더 자도 괜찮겠다는 희망 섞인 마음으로 이불을 움켜잡아 다시 잠을 청해봤지만, 이미 깬 잠이 다시 올 리 만무했다.

순례길을 걷다보면 사실 언제나 아름다운 자연에 감동하거나, 매번 깨달음을 얻는 것은 아니다. 특히 비가 오는 날엔 길이 적적하니, 마음이 멍해지기 십상이다. '오늘도인가?' 창밖에서 들려오는 빗소리에 오늘도 그런 날이 될 것 같은 예감에 마음은 이미 반 포기 상태가 되어버렸다. 적적한 시간을 달래줄 무언가가 필요했다. 그래서 평소 자주 듣던 유튜브 몇 편을 오프라인으로 저장하기로 했다. 순례길에서 이런 걸 듣는 게 괜찮을까 싶었지만, 잠시라도 힘듦을 잊게 도와준다면 내겐 아주 훌륭한 메이트 같은 존재이기에 이번만큼은 불가피했다. 마음 한편엔 평소의 습관처럼 소중한 순간을 허비하는 것이 아닐까 하는 죄책감이 들기도 했지만, '외롭지 않게 듣고 싶은 거 듣겠다는데 뭐 어때'라는 마음이 누가 시킨 것도 아닌데도 치열하게 투닥거렸다.

돌이켜 보니 순례길에서 참 많은 '나'와 대화했던 것 같다. 고민하는 나와 해결법을 내주는 나, 때로는 어린아이 같고, 때로는 현실적인 나까지, 마치 〈인사이드 아웃2〉에 나오는 9명의 감정들이 뒤섞인, 다양한 나를 길 위에서 만난듯했다. 많은 시간을 혼자 생각하고, 마음먹고, 결정할 수밖에 없었기에 스스로와 가장 많이 대화한 것 같다. 그래서인지 순례길 내내 한껏 자유로웠고, 마음은 솔직했으며 그 어떤 것과 비교하는 일도 없었다. 덕분에 후회도, 흔들림도 없다. '아, 스스로가 단단하다는 건 이런 거구나' 이제 정말 순례자가 다 된 것 같다.

이런저런 생각에 잠에서 깬 지 오래던 찰나, 한 통의 카톡이 도착했다. 새벽 4시에 누가 카톡을 보냈을까 싶었는데, 한창 활발히 움직이는 저녁 5시의 한국이었다. 아내는 이 시간이면 내가 일어나 있는 걸 알기에, "혹시 일어났으면 영상통화 가능해? 조카들이 집에

놀러 왔어."라는 메시지를 보내왔다. 머리가 짓눌린 부스스한 얼굴로 영상통화를 켰다.

"삼촌!!"

"얘들아~ 삼촌 산티아고 왔어. 여긴 지금 새벽 4시야."

"산티아고가 어디예요? 거긴 왜 갔어요?"

"응~ 산티아고 순례길이라는 곳이야. 삼촌은 순례길을 걸으러 왔지."

"순례길? 그게 뭐예요? 왜 걸어요?"

왜 걷느냐는 질문에, 10살 조카들 눈높이에 맞는 마땅한 말이 떠오르지 않았다. "그냥 혼자 걷고 싶어서 왔어. 삼촌이 무려 5일 동안 100km 이상 걸었다?" 조카들이 100km가 얼마나 되는지 이해할 리 만무하여, 그저 많이 걸었다는 걸 알려주고 싶었다. "이 봐봐, 삼촌이 오랫동안 걸어서 발톱 2개가 검게 죽은 것 보여? 삼촌 진짜 힘들어. 다리도 아프고 발톱도 아프고, 여긴 비까지 와서 비 맞으면서 걸었어. 오늘이 마지막인데 너무 힘들어서 걸을지 말지 고민 중이야. 더 걸어야 할까? 어떻게 생각해?"

사실 비가 오는 걸 알았을 때부터 무거운 배낭에 짓눌리는 어깨와 시큰거리는 발목으로 처량히도 비 내리는 거리를 걷는 모습이 떠올라 침대 머리맡에서부터 지쳐버렸었다. 가야 할지 말아야 할지를 수십 번 고민하며 "가지 말자!" 하고 소리도 쳐보고, 스스로를 다독이기도 한 날이었다. 그랬기에 누군가 말이라도 "가지 않아도 괜찮다."라고 해주길 간절히 바랐던 것 같다.

"그냥 걸어."

조카들의 반응은 아주 냉철했다.

"걸을 수 있어! 그냥 걸어." 조카들의 MBTI가 T인 걸까? 그들의 날카로운 말에 정신이 번쩍 들었다. 괜한 핑계 대지 말고 그냥 걸으라는 그 말이 뒤통수를 세게 치는 듯했다.

"어…. 알겠어, 그냥 걸을게!" 걷지 않겠다는 굳은 마음이 스르르 사라지고, 오히려 박장대소하며 다시 걷기로 마음먹게 되었다. "그래, 이때까지 잘 걸었으니, 오늘도 어떻게든 걸으면 되겠지. 에라이, 헛소리하지 말고 그냥 걷자."

조카 녀석들의 따끔한 말이 누워 있던 내 엉덩이를 힘껏 차주었다.

함께 걷는 순례자

함께 걸어온 질문
Q15. 순례길에서 얼마나 즐거우셨나요?

"마지막, 이제 정말 마지막이다." 오늘도 어김없는 아침 루틴으로 시작되지만, 그 어느 날보다 경건한 마음이 든다. 세안을 하고 침대에 펼쳐놓은 순례자복을 보며 잠시 심호흡하곤 옷과 신발 끈을 동여맨다. 이제 혼자서 우비를 입을 수 있음에 살짝쿵 대견해하며 '찰칵' 마지막 모습을 담아보았다.

산티아고 데 콤포스텔라를 가기 전 마지막 마을이라 그런지 숙소 한 벽면엔 제각기 많은 순례자들이 써 내려간 손 글씨들이 한가득 메워져 있었다. 다음 순례자를 응원하는 마음으로 나도 한글로 써 내려가고 싶었지만, 아쉽게도 펜이 없어 남기지는 못하고 숙소를 떠났다.

Never lose your wonder. He sustains all things.

아침을 먹기 위해 숙소 아래에 위치한 카페를 찾았다. "순례자가 도대체 몇 명이야?" 삼삼오오 순례자들이 몰려 있는 모습에 깜짝 놀랐다. 순례자 도장을 찍기 위해 도장 근처에 줄 서 있는 순례자부터 2~3명 단위는 기본이고 5명 팀 단위인 순례자들과 bar에 홀로 앉아 있는 순례자들까지 20명 정도 돼 보이는 많은 순례자를 본 건 이번이 처음이었다. 이렇게나 많은 순례자가 있는 걸 보면 마지막은 마지막인가 보다. 이들은 어디에서 온 걸까? 분명 내가 걸었던 순례길엔 4~5명이 전부였는데 이렇게나 많았다니. 그런데 나처럼 어마어마한 배낭을 메고 온 순례자는 2~3명뿐, 신기하게도 다들 하나같이 조그마한 가방 정도가 끝이었다. 뭐지?? 다들 짐을 '동키'로 먼저 보낸 건가? 아니면 다들 미니멀리스트 순례자들인가??? 외국은 짧은 휴가 기간을 이용해 순례길 몇 코스만 찍고 다시 복귀하는, 마치 제주 여행 가서 올레길 2코스만 찍고 오는 형태의 순례자들도 있다고 하던데 그런 분들인가 싶다. 동네 한 바퀴 정도의 작은 짐 사이즈에 다시금 생각난 침낭이 원망스러울 지경이었다. 분명 늘어난 짐은 없는데 세 번째 날부터 묘하게 체력이 바닥났는지 어깨가 아프고 가방도 점점 무겁게 느껴졌기 때문이었다.

"아, 정말 가는 게 맞나??"

새벽같이 조카에게 호되게 혼나고도 짐의 무게 때문에 마음이 또다시 흔들려 버렸다. 답답하고 속상한 마음도 들면서 이왕 갈 거면 다른 순례자들보다 먼저 떠나야겠다는 복잡 미묘한 감정들에 정신을 못 차릴 지경이었다. 이 와중에 상큼한 잼이 발려 나온 빵이 너무나 맛있다. 기운 내게 해주는 순례길 조식 세트는 정말이지 없어서는 안 될 음식 중 하나가 되어버렸다.

부엔까미노~ 이왕 걷는 거, 마음 더 흔들리기 전에 빨리 나서야겠다 싶어, 무리보다 먼저 카페를 나섰다. 아직 어둑한, 비 내리는 마지막 순례길이 시작됐다. 마을 모퉁이를 도니 표지석이 보였다. '19.308km'라고 오늘 걸어야 할 거리가 표시돼 있었다. 기념하기 위해 잠시 멈춰 사진을 찍는데, 그때 "부엔까미노."라고 하며 내 뒤로 형광색 우비를 쓴 순례자 한 분과 짙은 회색 우비를 쓴 순례자 2명이 휙 하고 지나가는 것이다. 나도 함께 "부엔까미노."를 외치는데 오늘은 왠지 외롭고 쓸쓸하게 혼자 걷기가 싫어, 허겁지겁 사진을 마무리하고 졸졸졸 순례자들 뒤를 따랐다. "응?? 어??" 그 순간 신기한 광경을 목격했다. 마치 여러 갈래의 길이 합쳐지듯 순례자 20명이 하나의 길로 모이기 시작한 것이다. '뭐야, 뭐야. 어디 단체에서 오신 건가?? 모르는 사람들인가??' 다들 하나같이 배낭에 우비를 걸치고 한 손엔 랜턴을 든 것이 아주 멋지고 재밌는 광경이었다.

Q. 순례길에서 얼마나 즐거우셨나요?

자연스레 나도 그 무리와 함께 순서 상관없이, 옆에서 걸었다가, 앞질러 봤다가, 왔다 갔다, 우비 사이로 얼굴이라도 마주치면 미소도 지어주며 한참을 그렇게 걸었다. 재밌던 건, 바닥이 물에 잠겨 판자를 밟고 가야 할 때가 있었는데 마치 한 팀이라도 된 듯, 한 줄로 서서는 앞선 분부터 "바닥 조심하세요."를 외치며 차례차례 지나갔다. 그리곤 서로 그 모습에 신이 났는지, 너나 할 거 없이 "우~하!!" 떼창을 하며 웃음소리가 끊이지 않았다.

순례자의 마음은 순례자가 안다고 그 짧은 시간 안에 우린 마치 한 팀이 되고 있었다. 문득 예전 마라톤 할 때가 떠올랐다. 뛰고, 뛰고 또 뛰다 더 이상 지치고 기운이 나지 않아, 힘 좀 내볼까 싶어 혼잣말로 "힘내자!"라고 소곤거릴 때였다. 그 순간 여기저기서 "파이팅!! 힘내자!! 파이팅!"이라며 떼창을 해준 것이다. 가슴으로부터 내지르는 듯한, 그 육성 덕분에 내게도 속 깊은 곳에서부터 진한 기운이 올라 힘을 받았다. 우린 그렇게 '따로 또 같이' 한 팀이 되었다. 어디서 왔는지 하는 일이 무엇인지 무엇을 꿈꾸고 있는지 100km인지, 80km인지, 아니 어쩌면 동네 산책이라도 그 어떤 것도 중요치 않다. 여기까지 오느라 얼마나 고생했는지 알기에 그저 이렇게 함께 걷는다는 것에 정말 큰 위로와 응원을 받았다.

너무 신이 났다. 아픔도 잊을 정도로 걷는 내내 혼자 실실거렸다. 비록 걸음 속도가 느리긴 했지만, 함께 걸으면 아프지 않고 끝까지 걸을 수 있을 것만 같아 이 그룹과는 떨어지기 싫었다. 하지만 역시나 걸음이 빨랐던 걸까, 맨 뒤에 있던 내가 어느새 맨 앞에서 걷고 있었다. "아냐. 같이 걸어야지." 하며 뒤로 빠졌다가, "계속 같이 가다가는 한나절 걸릴 것 같은데 괜찮을까?" 싶어 다시 앞으로 가며, 모든 순례자들을 다 만날 기세로 왔다 갔다거렸다.

"에이, 그냥 가자." 그들과 대화하는 것도 아니고 어차피 혼자 온 순례길, 내 걸음, 내 속도로 가는 것으로 결정하여 결국 안녕을 고하기로 했다. 그때 마침 날이 서서히 밝기 시작했는데 우리 모습이 너무 예쁘고 사랑스러워 보였다. 문득 이 순간을 놓치기 싫다는 생각에 순례길 처음으로 정말 있는 힘껏 먼저 용기 내보았다.

"저기…. 이 모습이 너무 사랑스러워 그러는데 우리 단체 사진 한 번 찍어도 될까?" "오브 콜스~ 와이 낫!! 여기, 여기~ 다 같이 사진 찍읍시다." 참 다행이었다. 흔쾌히 오케이를 외쳐준 순례자들께 감사하며 사진을 찍었다. 해맑게 미소 지었던 모습엔 각기 너무 아름답고 건강한, 그리고 함께라는 믿음까지 묻어 있는 참으로 사랑스러운 사진이 완성되었다.
"고마워. 정말 고마워~."

그들을 뒤로하고 떠나는 내 발걸음은 덕분에 한결 가벼워졌다. 아, 이게 사람의 기운이구나. 긍정과 건강함의 에너지구나. 이제야 깨닫는다. 나를 건강하게 해주는 건 열심히 걷고 있는 나 자신과 그리고 함께 걷고 있는 사람들로부터 오는구나. 개인으로서 최선을 다하고 함께 파워풀하게 나아가야겠다. 나는 지금 모든 이들과 함께 걷고 있다.

함께 걷자.

5유로의 행복

함께 걸어온 질문

Q16. 진정한 만족은 언제 올까요?

5km쯤 걸었을까? 행복의 기운이 서서히 떨어지는지 다시금 다리가 아파오기 시작했다. 발톱부터 복숭아뼈, 송곳으로 찌르는 듯한 골반 통증까지, 덕분에 걸음은 느려지고 나를 앞질러 가는 순례자들도 부쩍 늘어났다.

"아…. 이게 뭐 하는 거지, 진짜." 갑자기 속 깊이 쌓여있던 서러움이 북받쳐 올라왔다. 공항 둘레 길을 걷고 있던 와중이었다. 마지막 코스엔 공항이 위치해 있어, 비를 막아줄 커다란 나무 하나 없는 공항 특유의 휑하디휑한 콘크리트 길에선 거세게 휘몰아치는 폭우를 그대로 맞을 수밖에 없었다. 한껏 처량해진 내 모습에 그렇게 서러울 수가 없었다.

질질, 질질, 질퍽, 질퍽. 아직 갈 길은 먼데 다리는 아파서 속도가 안 나고, 비는 오는 대로 다 맞아서 '이게 맞나?' 싶은 투정과 함께 아무도 해결해 주지 못하는 혼자만의 쓸데없는 질문만이 맴돈 채 허탈함까지 찾아왔다. 이제 더 이상 순례길을 즐기는 것이 아니라, 단지 그 길을 끝내기 위해 걷는 것처럼 느껴졌다.

투두둑 투둑. 우비 위로 떨어지는 빗소리가 머릿속을 어지럽혔다. 아무 생각도 들지 않고, 아무 말도 할 수 없는, 그저 '지금 몇 km지?? 얼마나 남았지??'라며 거리 체크에만 집중했다. 비는 더 이상 낭만적이지 않고 순례길은 매력적이지 않았다. 이름 모를 커다란 공장들이 늘어선 회색빛 도로를 걷고 있자니, 이제는 이 길을 빨리 벗어나고 싶은 생각뿐이었다. 3일 차 땐 비가 그렇게 와도 생글생글 살아 있는 자연이 날 지켜줬지만, 지금은 재미없는 회색 빛깔 공장 지대 때문인가 싶다.

그러던 중, 바닥에 버려진 '콜라' 캔 하나가 눈에 들어왔다. '이거다!' 내게 지금 필요한 건 아주 달고 시원한 강력한 콜라!! 이거다! 지금껏 모자라면 어쩌나 싶어 물병 하나만 애지중지 아껴 마셨는데, 이젠 도저히 참을 수 없는 지경까지 와버렸다. 에라이, 모르겠다! 그간 멀리했던 순례길마다 설치되어 있는 식수대에서 드디어 물을 먹기로 마음먹었다. 벌컥거리며 한순간에 물을 다 마셔버렸다. 뭐랄까 오랜만에 느껴보는 꽉 찬 만족감이랄까. 순식간에 온갖 불편함이 묵직하게 내려앉는 기분이 들었다. '그래 뭐 다 같은 물 아니겠어? 난 뭐 배앓이도 잘 안 하니깐 괜찮겠지' 그때부턴 아낌없이 물을 마셔댔다. 가다 보면 식수대가 있을 거라는 믿음 하나에 벌컥벌컥 잘도 마시며 걸었다. 식수대가 보이면 원샷하고 또 받고, 보이면 원샷하고 또 받고, 그런데 가면 갈수록 내가 먹고 있는 게 물인지 비인지 모를 정도로 맛이 영 시원찮아지고 있었다. '비를 마시면 어떻고, 물을 마시면 또 어때? 뭐, 배탈이라도 나면 화장실 가면 그만이지' 더 이상 깨끗함과 더러움의 고정관념은 아무 의미 없어졌다.

공장 같은 회사 입구를 지나다 보면 간혹 음료 자판기가 보일 때가 있는데, 그토록 바라던 콜라를 먹을 수 있음에도 먹을지 말지 고민에 빠질 수밖에 없었다. 뭘 그리 고민이 많냐고 하겠지만 음료 하나 먹는 데는 꽤 많은 작업이 필요했기 때문이다. 우선 비를 막아주는 공간이 필요하고, 우비를 벗고, 툭툭 버클을 풀어 배낭을 벗은 다음, 배낭 안에 있는 보조 가방을 꺼내 3단 자물쇠를 풀어헤친다. 보조 가방 안에 있는 지갑에서 5유로를 꺼내 그제서야 콜라를 맛있게 먹는다. 그리곤 다시 출발하기 위해서 역순으로 행동해야 한다. 지갑을 보조 가방에 넣고 3단 자물쇠를 잠근 후 배낭에 넣어 끙차, 하며 어깨에 멘다. 철컥철컥 버클 2개를 잠그고 우비를 탈탈 털어 힘겹게 가방을 덮기까지, 정말이지 음료 하나 먹는데 너무 큰 에너지를 소비하는 것 같아 바로 포기해 버렸다.

누가 진즉 팁이라도 줬으면 좋았으련만, 다음엔 꼭 주머니에 5유로 동전 3개는 갖고 다녀야겠다고 다짐했다.

Q 진정한 만족은 언제 올까요?

오늘의 경험으로 '5유로에도 이렇게 행복할 수 있겠구나'란 사실을 알게 됐다. 5유로만 있었어도, 그렇게도 서글프고 외롭고 빨리도 도망가고 싶었던 그 순간을 버텨낼 수 있었을 테니깐 말이다. 이처럼 만족감은 지금, 이 순간, 작은 것으로부터 해결되는 소박한 기쁨으로부터 시작된다. 하지만 우리는 만족감을 넘어 진정한 만족을 바라면서 아등바등 사는 것이 사실이다. '진정함'이란 단어가 붙는 순간 왠지 거창하리만큼 모든 것이 풍요롭고, 더 이상의 고민 걱정 없는 상태를 대변하는 것 같은데, 진정한 만족을 한다 해도 반복되는 고민이 생기는 걸 보면 '진정함'은 존재하지 않는 것 같다.

그렇다고 소박한 기쁨으로 만족하라는 건 왠지 성에 차지 않는다. 뭔가 극에 달아올라 결국엔 펑 하고 폭죽 터지듯 온 하늘을 반짝이게 하는 그런 희열이 넘치는 만족감. 그걸 진정한 만족이라 한다면 방법은 단순하다. 100km를 치열하게 걷다가 허덕임이 극에 달아올랐을 때, 시원한 콜라 한 잔을 마신다면, 그때의 기분은 아마 모든 고난이 사르르 녹아내리는 진정한 만족감이지 않을까 싶다. 소박한 기쁨의 콜라 한 잔일지라도, '그것을 얻기 위해 내가 얼마나 진정성 있게 행동했냐'에 따라 콜라 한 잔의 값어치는 상상 초월일 것이다.

오늘은 비록 5유로의 음료는 못 마셨지만, 나에게 알아차림을 선물해 주었고, 그것만으로도 충분히 만족스럽다.

10km 남았다.

부엔까미노 02

함께 걸어온 질문
Q17. 나를 존중하고 아낄 수 있는 방법은?

공항을 지나니 산티아고 데 콤포스텔라의 도심 초입이 보이기 시작했다. 이곳은 여느 마을과 달리 거대한 도시로서, 큰 전광판들과 복잡한 차선, 쌩쌩 달리는 차량들로 메인 도시임을 알렸다. 유럽풍의 아기자기한 가게들, 테라스에서 커피를 마시며 신문을 읽는 중년의 남성, 가게 오픈에 정신없는 종업원들, 반팔에 슬리퍼를 신고 다니는 동네 사람들까지, 평범한 도심의 풍경 속에서 우비를 입고 터벅터벅 걷는 나는 이질적인 존재였다. 마치 다른 세상에서 온 사람처럼 느껴졌다. "이 길이 정말 순례길이 맞나?" 표지판은 분명히 산티아고 데 콤포스텔라 방향을 가리키고 있었지만, 어디에서도 순례자를 찾을 수 없었다. 아까 만났던 수많은 순례자들은 다 어디로 갔을까? 묘한 기분이 들었다. 평범한 도심 속에서 혼자만 시커먼 우비를 입고 걷고 있으니, 마치 영화 속 주인공이 된 것 같은 기분이었다. 평범함을 거부하고 삶의 짐을 무겁게 지니고 있는 사연 가득한 사람. 나만의 괜한 착각일까? 사실 사람들은 여태껏 꽤 많은 순례자를 보고 지내왔는지 슥 한번 쳐다만 보고 말 뿐인데, 나 혼자 이 상황이 그렇게도 어색하게 느껴졌다.

식수대가 보였고, 어김없이 물을 받아 마시려 했다. 그런데 바로 옆에 있던 사람들이 그런 나를 신기한 듯 쳐다봤다. 그들은 이 물을 마시지 않는 게 분명했다. 마치 동물원 속 동물이 된 것 같은 기분이 들며, 어서 이 자리를 벗어나고 싶었다. 그때였다. "부엔까미노." 지나가던 한 여성이 우산을 쓰고 환한 미소를 지으며 나에게 인사를 건넸다.

예상치 못한 인사에 깜짝 놀라며 "오! 부엔까미노."라고 답례했다. 그 한마디에 마음이 따뜻해지고, 외롭고 불안했던 마음이 순식간에 풀리는 느낌이었다. 덩달아 용기도 생겼다. 마침, 저 멀리 한 남성이 나를 향해 러닝을 하고 있었다. 나도 그를 응원하고 싶은 마음이 불쑥 생겼다. 한국에서는 종종 길거리 러너들을 만날 때 왜 그랬는지 용기가 안 나 '파이팅' 한번 못 해준 게 마음에 남아 있던 터라, 해외 이국땅에서만큼은 웬지 모르게 뿜뿜 용기를 내보았다. "부엔까미노!" 감사하게도 러너 분도 "쌩큐~ 부엔까미노." 대답해 주셨다.

그 짧은 인사가 이렇게 큰 힘을 줄 줄은 몰랐다. 사실 스페인, 산티아고에 계신 여성분이 대한민국 그것도 경기도 하남 시골에 사는 어느 평범한 나와 한평생 만날 일도 없을 텐데 그런 나를 위해 반갑게 인사해 주다니! 이 상황이 너무도 놀랍고 감사했다. 그들의 진심 가득한 인사 한마디가 내게 큰 위로와 용기를 주었다.

Q 나를 존중하고 아낄 수 있는 방법은?

사실 그분에겐 지나가다 한, 그저 평범한 인사였겠지만, 홀로 산티아고에 와서 많은 고난을 겪은 내겐 너무 큰 위로와 응원이 되었다. 정말 한마디 응원이 이렇게 사람을 살릴 수도 있다는 사실을 깨달았다. 우연히 본 유튜브 영상 중에, 지나가는 시민들께 "옷이 참 잘 어울리시네요." "모델같이 멋지시네요." "정말 미소가 아름다우세요." 이런 한마디를 던지니, 시민 모두가 상냥한 미소를 머금고 고마움을 표현해 주는 영상이 있다. 물론 이상한 사람 취급 할 수도 있겠지만, 누군가와 따뜻함을 주고받는 작은 순간들이 나를 더 아끼게 해주는 것이라는 걸 알았다. 그 작은 인사 하나, 그 미소 하나가 상대뿐 아니라 어쩌면 내게도 더 따스하게 다가온다는 것에, 나를 존중하고 아낀다는 건 별것 아니라는 걸 깨달았다.

내가 늘 존중하고 좋아하는 사람들을 생각해 보면, 그분들은 항상 사람에게 진심을 다해 표현하고, 칭찬하고, 응원해 준다. 존중이 넘칠 정도이다. 결국 상대에게 존중을 다해 표현한다는 것이 나를 존중하고 아낄 수 있는 가장 따뜻한 방법일지도 모르겠다.

이제 한국에서도 힘차게 응원해 줘야겠다. "멋있어요! 파이팅."

끝이다 끝

함께 걸어온 질문

Q18. 지금의 나는 과거의 나와 무엇이 달라졌을까?

    1.4km 남짓 이제 정말 막바지를 향하고 있다. 줌아웃해야 볼 수 있었던 지도상의 나와 목적지 간의 간격도 이제는 한눈에 보일 정도로 가까워졌다. 울음이 날까? 감동적일까? 최종 지점에 도착했을 때 난 과연 어떤 기분일까 불현듯 궁금해졌다. 기쁠까? 통쾌할까? 아니면 허무하거나 덤덤할까? 유튜브 속 순례자들은 너무 감격해 웃음과 울음이 동시에 터진다고 하던데 그러기엔 지금의 나는 어떤 마음가짐인지 몰라 온갖 감정들을 다 끄집어내 스스로에게 되묻기 시작했다.

    복잡하다. 혼란스럽다. 그동안 자연과 함께 깨어났던 오감들이 목적지에 도착하기도 전에 도심의 혼잡 속에 모두 빼앗기고 있는 것만 같다. "죽겠네, 정말." 다리도 이제 한계에 다다른 것 같다. 1.4km가 이렇게 멀 줄이야. 속도가 나지 않아 답답하기까지 하다. 결국 멈춰 섰다. 지나가는 수많은 사람들 속에 혼란스러운 내 마음을 내려놓지 않으면 도저히 앞으로 나아갈 수 없을 것 같았다. 안 되겠다 싶어 눈을 감고 5분여간 하염없이 비를 맞기 시작했다.

"생각하지 말자. 내려놓자. 모르겠지만 끝나면 알 수 있겠지. 조금만 힘내자, 얼마 안 남았어. 후…. 내려놓자. 지금 여기 집중하자. 움직여, 다리야. 움직여 줘." 혼란스러웠던 주변은 어느새 조용해졌고, 마치 그곳에 나만 있는 것처럼 내게 집중되기 시작했다. 다리는 여전히 절뚝거리고, 홀로 거센 비를 다 맞고 있어 썩 유쾌한 기분은 아니었지만, 다시 걸어야만 한다.

"괜찮아요?" 그 순간 뒤에서 들려오는 소리에 죽상이었던 얼굴이 놀란 표정으로 바뀌었다. 순례자다. 나처럼 큰 배낭을 메고 있는 건강하고 다부진 체형의 여성 순례자가 나를 걱정스러운 눈빛으로 바라보며 말을 걸어온 것이다.

"괜찮아요. 걸을 수 있어요."

"다리 많이 아파 보이는데, 다친 거예요?"

"아뇨, 그냥 오래 걸어서 그런가 봐요."

"그렇죠, 순례길이 원래 힘들잖아요."

"맞아요. 근데 괜찮아요. 힘들진 않아요? 다리 괜찮아요?"

"전 괜찮아요. 우리 진짜 얼마 안 남았네요. 힘내보자고요."

"그렇죠. 진짜 얼마 안 남았어요. 힘내세요. 부엔까미노."

서로 불끈 주먹을 쥐며, 부리부리한 눈빛과 활짝 편 미소로 응원해 주었다. 그녀는 그녀의 속도로 다시 길을 나섰다. 신기하게도 마음이 다시 벅차올랐다. 아마도 나는 이미 지독하게도 '부엔까미노'의 매력에 푹 빠져버린 것이 분명하다. 이 상황은 마치 주인공의 성장기를 다룬 한 편의 영화 같았다. 나는 죽상이었던 표정은 온데간데없이 사라지고, 함박웃음을 머금은 채 씩씩하게 걷기 시작했다. 같은 길을 걷는 사람들과의 진심 어린 교감이 얼마나 중요한지 다시금 깨달았다. 우린 같은 일을 하는 사람들을 때론 '경쟁자'라고 하지만 어찌 보면 해내야 하고 이겨내야 하고 홀로 싸워야 하는 그 외로운 길을 그 누구보다 가장 진정성 있게 이해해 줄 수 있는 파트너가 될 수도 있지 않을까 싶다.

가까이서 보면 출발지에서 목적지까지 엎치락뒤치락하며 걷는 지독한 경쟁자일 수도 있지만 멀리서 봤을 땐 전혀 다른 삶 속에 각기 다른 의미로 순례길을 걷고 있는 순례자일 뿐이다. 순례길이 종착점인 사람이 있고, 출발점인 사람도 있다. 10살의 순례자도 80살의 순례자도 있다. 같은 순례길을 걸어도 각자에 걸맞은 속도와 의미가 있는 순례자만이 존재하지, 경쟁하듯 걷는 순례자는 존재하지 않는다. 그러니 같은 일에 종사한다면 더 이상 경쟁자가 아닌 파트너로서 서로 돕고, 응원하여 결국 함께 성장하는 날이 왔으면 좋겠다.

내게 이런 힘을 선물해 준 순례자분이 잊히지 않을 정도로 마음이 단단하고 강인해졌다. 참 고맙다고 되뇌며 길을 걷고 있는데, 먼저 가던 그 순례자가 마침 저 멀리서 길을 잃었는지 애처로운 눈빛으로 두리번거리고 있는 것이다. 당황한 표정으로 뒤를 보길래 저기로 가야 한다고 손짓해 주니 그제야 웃으며 엄지척을 해줬다. 이렇게라도 도울 수 있어서 참 다행이었다.

정말 끝이 가까워진 것 같다. 음식점과 술집, 아기자기한 숍들이 눈에 띄기 시작했다. 저 지하 계단만 지나면 보일 것 같다. 드디어 도착했다. "여긴가? 여기가 끝인가?" 막상 대광장에 도착하니, 어리둥절한 기분이 들었다. '여기가 최종 목적지요' 하는 표지판도 없이, 비 내리는 광장과 수많은 관광객들뿐이라 얼이 빠져버렸다. 차분히 비에 젖은 얼굴을 훔치니 그제야 웅장한 대성당이 눈에 들어왔다. "그래, 여기가 정말 끝인가 보다. 정말 도착한 건가? 도착했구나. 하, 이걸 내 눈앞에서 보게 되다니 신기하네…. 아우…." 아직 어안이 벙벙하니 두리번거리던 찰나, 형형색색의 옷을 입은 자전거 순례자 2명이 눈에 들어왔다. 사진을 찍어줄 사람을 찾는 눈치였다. "제가 찍어드릴게요." 관광객들 사이에서 비를 맞고 있는 우리 세 사람은 서로를 이해하는 듯 웃음을 나누며, 서로의 사진을 찍어주었다. "부엔까미노, 정말 고생했어요." 엄지척으로 그들을 보내고 나서야 드디어 여기가 종착지라는 실감이 들었다.

곧장 아내에게 이 순간을 함께 나누고 싶어 영상통화를 걸었다. "여보, 나 도착했어! 끝났어!!!" "진짜 고생했어! 정말 멋져! 여보의 길을 써 내려갔구나! 정말 멋져, 최고야."

아내의 말 한마디에, 도착해도 덤덤했던 마음이 녹아내리기 시작했다.

"나 진짜 힘들었어, 여보. 마지막 5km부터 정말 죽겠더라. 봐봐,

진짜 멋지지? 여기가 대성당이야. 내 눈앞에 있다니!"

"정말 멋지다. 대성당도 멋지지만, 여보가 더 멋져! 그 길을 걸어오다니! 기분이 어때?"

"기분? 사실 잘 모르겠어. 내가 지금 어떤 기분인지 잘 모르겠어."

"그래, 모를 수 있어. 거기서 잘 느끼고 와. 그 순간을 즐겨."

솔직히 말해 울컥함, 기쁨, 통쾌함, 뿌듯함보다 어안이 벙벙한 게 더 컸다. 아마 비 내리는 광장과 비를 피하느라 웅성거리는 관광객들 때문에 정신이 혼미해졌기 때문일 것이다. 지금 같아선 대성당 광장에 대자로 누워 그 순간을 온몸으로 만끽할 걸 싶었지만, 그 당시엔 왠지 끝을 내지 못해, 어디론가 더 걸어야 할 것 같은 기분이었다.

뭔가 끝맺음이 시원치 않았지만, 마음을 접고 숙소로 향했다. 여느 날과 다름없이 샤워를 하고, 숙소 근처 코인 세탁소에서 빨래를 했다. 너무나 자연스러운 이 루틴도 어느새 마지막이 될 것 같다. 이제 더 이상 딱딱한 빵과 오렌지 주스를 먹지 않아도 되고, 경건하게 옷을 입지 않아도 된다는 것이다. 그리고 이제 정말 더는 걷지 않아도 된다. 고통을 느낄 일도 더는 없어졌다. 그런데 이상하리만큼 즐겁지 않았다. 800km 정도는 걸어야, 걷지 않는 것에 즐거움을 느낄 수 있을까? 아니면 진정한 힘듦을 경험해 보지 못한 햇병아리라서 그럴까?

아니 그보다 순례길을 더 걷지 못한다는 사실에 아쉬움이 커졌다. 순례길에서 만난 동물들, 순례자들, 표지석 그리고 비와 자연 심지어 맛없는 음식까지도 그립기 시작했다. 5일 동안 만난 기쁨, 슬픔, 불편함, 속상함, 편안함, 짜릿함, 통쾌했던 내 감정들까지도 말이다.

"그렇구나, 내가 정말 나로서 존재하는 순간은 끝이 아닌, 이 과정들 속이구나." 이렇게 생각하니 그제야 마음이 편안해졌다. 순례길은 여기서 끝난 것이 아니라, 다음 스텝을 위한 하나의 과정일 뿐이라는 생각이 들었다. 순례길의 진정한 의미가 내 안에서 서서히 자리잡기 시작했다. 내 삶에는 아직 걸어야 할 많은 길이 남아 있고, 홀로 떠났던 이 용기 덕분에 이제는 세계 어디로든 갈 수 있을 것 같은 자신감이 생겼다. 순례길에서 깨달은 '의미 있는 일'에 대한 가치관이 확실해졌고, 다름을 존중하는 법도 작게나마 배웠다. 내 삶에 순례길이 순례길로서 마침표가 아닌 그 이상의 스타트가 된 것이다.

며칠 전, 오랜 노력 끝에 자격증을 취득한 일이 있었다. 하지만 '이제 이다음엔 뭐 하지?'라며 축하할 시간도 없이 또 다른 목표를 찾고 있는 나 자신을 발견했다. 마침표가 아닌 그 이상의 스타트가 된 것은 분명한데, 분명 큰 성과를 이뤘는데도, 무기력이 찾아왔다. 진정한 성취감을 느끼지 못한 채, 허무해진 나 자신을 보며 스스로에게 너무 가혹했던 것이 아닌가 하는 생각이 들었다. 진심을 다해 노력한 만큼, 나 자신에게도 축하와 격려를 보내줘야 했는데, 사실 어떻게 축하해야 할지를 한평생 모르고 살았던 것 같다. 힘들 때는 그 힘듦을 느끼고, 노력할 때는 최선을 다했지만, 기쁨을 느낄 때는 그 기쁨을 제대로 표현하지 못했던 것이다. 나는 내 자신에게 채찍질만 하며 살았던 사람이었다.

Q 지금의 나는 과거의 나와 무엇이 달라졌을까?

이제는 더 이상 목표의 끝만을 바라보며 달려가지 않으려 한다. 물론 성과를 위해 최선을 다하겠지만, 끝의 허무함을 더는 느끼고 싶지 않다. 모든 것은 끝이 없는 연결성으로 이루어져 있다는 것을 알았다. 그러니 지금, 이 순간, 이 과정을 진심으로 살아가고, 그 순간을 즐기고자 한다.

내 휴가도, 내 커리어도, 내 모든 선택도 자부심을 가지며 나아가려 한다. 모든 순간을 소중히 여기며, 이 과정에서 스스로에 대한 믿음과 기쁨을 느끼며 살아가려 한다.

우리는 모두 자신만의 순례길을 걸어가고 있다. 기쁨, 슬픔, 불편함, 속상함, 편안함, 통쾌함 그 모든 과정을 통해 우리는 각자 고유의 색을 가진 사람이 되어갈 것임이 분명하다. 나의 길은 아직 끝나지 않은 현재 진행형이다. 각기 다른 길 위에서 최선을 다하는 서로의 여정을 응원하며, 함께 걸어가길 바란다. 부엔까미노, 좋은 길 되세요.

오늘의 거리

- 장소: O Pedrouzo to Santiago de Compostela
- 거리: 18.56km
- 시간: 3시간 58분 11초

끝. 그리고 다시 시작.

Epilogue

5일간의 기록

- 장소: Sarria to Santiago de Compostela
- 총 거리: 115.6km
- 총 시간: 24시간 13분 29초

첫 번째 순례길이 끝났다. 정확히 말하면, 나의 첫 도전이 성공적으로 마무리되었다. 만약 누군가가 "어땠냐?"라고 묻는다면, 감히 말하건대, 너무도 완벽했다. 5일간의 우당탕탕 순례길은 마치 잘 짜인 리얼 버라이어티쇼처럼 완벽하게 희로애락을 담아냈다. 웃고, 떠들고, 슬프고, 화나고 그 어느 때보다도 온전히 지금, 여기, 이 순간에 집중하며 극적인 경험을 했다.

돌이켜 보면 365일 중 고작 5일뿐이었는데, 이렇게 훌륭한 경험을 할 수 있다는 것이 놀랍기만 하다. 약 20년을 용기 내지 못해 피하기만 했던 일이 단 5일 만에 이루어졌다는 사실이 경이롭다. 물론, 더 일찍 시도해 보지 못한 것이 아쉽지만, 앞으로 남은 인생 80여 년 동안 이 5일의 순례길 덕분에 많은 것을 이룰 수 있을 것이라는 믿음이 생겼다. 용기를 내게 해준 지난 20여 년의 세월에 감사할 뿐이다.

5일간의 순례길은 나 자신과의 만남이었다. '우당탕탕'이라는 표현이 딱 맞을 정도로 다양한 모습의 나를 만날 수 있었다. 이렇게 오롯이 나 자신에게만 집중할 수 있었던 시간은 없었다. 특히나 끊임없이 움직이며, 예상치 못한 에피소드를 겪어가는 과정에서 원초적인 나를 만나게 되었고, 묵직한 생각의 힘을 얻은 적은 그동안 없었던 것 같다. 결국 여유랄까? 앞으로의 여정에서 당황하지 않고, 두려움 없이, 조금 더 깊이 생각할 수 있는 여유를 가지게 되었다.

새로운 것에 도전하고, 한계를 두려워하지 않으며, 주어진 일에 결단력 있게 행동하고, 부족함을 인정하되 노력을 멈추지 않을 것이다. 슬플 땐 슬퍼하고, 기쁠 땐 기뻐하며, 친구들의 희로애락에 진심을 다해 함께할 것이다. 행동이 당당해지기 위해 진심을 다할 것이고, 당당하게 끝을 맺을 것이다. 모두의 삶을 존중하고, 다름을 인정하며, 나의 한계를 더 넓힐 수 있는 기회를 만들 것이다. 결국, 지금의 나를 살아가면서, 당당한 여유를 얻어 갈 것이다.

물론, 이 모든 결심 또한 미래를 향한 바람일 뿐, 현재의 나를 대변하기에는 나는 아직 미성숙하다.

앞서 언급한 것처럼, 순례길에 도전하기 전까지 나는 도전과 성취에 욕심이 없는 어리숙한 40살의 나를 만들어 낸 아버지에 대한 원망이 컸다. 혼자만의 착각일 수 있겠지만, 아버지가 안전망이라는 이름의 울타리 안에 나를 가둬두었기 때문에, 나는 나 자신을 위한 도전을 생각조차 해보지 못했던 것 같다. 아니, 어쩌면 아버지는 나를 가두는 것보다 더한 무뚝뚝함으로 나와의 거리를 두셨을지도 모른다. 자유라는 믿음으로 키우셨다고는 하지만, 표현을 잘 하지 않으셨고, 대화하기 무서운 그런 존재여서 아버지 말이라면 깨갱거리며 뒤로 숨어 살았다.

재미있는 점은, 할아버지의 과한 술과 담배를 싫어했던 아버지께서는 한평생 술, 담배를 하지 않겠다고 결심을 하셨고, 반면 그런 아버지와 남자 대 남자로 술 한잔한 적이 없을 정도로 무뚝뚝한 아버지가 싫었던 나는, 되려 사람들에게 더욱 표현하고, 다정다감해져야겠다고 결심했었다. 특히 얼마 전 태어난 나와 똑같이 생긴 아들만큼은 더더욱 나와 같은 삶을 살지 않도록 아들의 성장에 힘이 되어주는 멘토 같은 존재가 되겠다고 다짐했다. 아들이 언제든 자기 할 일을 후회 없이 즐겼으면 하는 간절한 바람이 생겼다. 아버지처럼 키우지 않겠다는 마음이 더 강하게 들었다.

그러나 지금은 생각이 달라졌다. 아이의 성별이 나왔을 때였다. 아들이란 사실을 알리기 위해 아버지와 통화를 했었다.
"아버지, 성별이 어떻게 될 것 같으세요?"
"뭐든지 상관없지. 난 상관없다."
"에이~ 그래도 생각하신 게 있으실 거 아니에요?"
"아냐, 뭐든 상관없어. 성별 나왔니?"
"아들이래요, 아버지."
"아들…. 아들이구나…. 고맙다…. 정말 고마워…."

아들이라는 말에 아버지는 눈물을 훔치며 울먹이셨다. 내 평생 세 번째로 본 아버지의 눈물이었다. 약 7년 동안 내게 단 한 번도 아이를 언제 가지느냐고 묻지 않으셨던 아버지였다. 아버지는 내게 관심이 없다고 생각했는데, 조심스럽게 기다려 주셨던 것이었다. 혹여나 아들이 힘들어할까 7년을 기다려 주신 것이다. 그리곤 손주가 남아이길 바라셨으면서도, 부담이 될까 봐 말하지 않으셨다고 한다. 그제야 알게 되었다. 아버지는 표현하고 계셨던 것이구나. 단지 나와 다른 방식으로, 조용히 표현하고 계셨던 것이었다. 그렇게 다름이 아름다운 세상을 만들고 싶다고 외쳤던 나인데, 나와 다른 아버지의 표현을 몰라뵀던 것이다. 아버지의 사랑이 새롭게 이해되었다.

　이제야 다름의 깊이가 얼마나 깊은지 이해하게 되었다. 감히 상상도 하지 못할 그 깊이를 이제야 마주할 수 있게 됐다. 순례길 덕분에 나 자신이 미성숙하다는 걸 깨닫게 되어 반가웠다. 아직 가야 할 곳이 많다. 그래서 더 반갑다.

　이런 성장의 기회가 열릴 수 있게 정말 많은 이들이 도와주었다. 나의 선택이라면 그 어떠한 것이라도 자기 일처럼 먼저 나서서 응원해 준 내 아내의 사랑과 함께 순례길을 걷고자 질문을 던져준 친구들의 애정, 순례길을 갈지 말지 고민할 때 상담해 준 동기 코치님들의 응원, 그리고 내게도 비밀스러웠던 부모님의 사랑 덕분에 난 도전의 용기를 얻었고, 이 모든 것이 연결되어 나의 첫 번째 성공인 순례길 완주가 완성되었다. 다시 한번 모든 이에게 감사를 표한다.

　또한 이 책의 여정 동안 함께 순례길을 걸어준 독자분께 감사를 표한다. 다양한 경험을 만끽하며 스스로가 만들었지만 알지 못하는 그런 안락한 공간에서 잠시나마 한 발짝 나아갈 용기를 얻었길 바라본다.
　아마 순례길 이후, 내 인생의 방향이 바뀐 듯하다. 어디로 향할지, 얼마나 남았는지는 나도 잘 모르겠다. 하지만 내가 가는 그 길목에 반드시 표지석 하나는 세워둘 테니, 언젠가 다시 만날 수 있기를 기대한다.

이제 다시 신발을 동여매고 가져가야 할 최소한의 짐만을 짊어지고 각자의 길을 걸어보자….

부엔까미노, 좋은 길 되세요.
최일권

여보,
일주일만
산티아고
다녀올게

초판 1쇄 발행 2024. 12. 17.

지은이 최일권
펴낸이 김병호
펴낸곳 주식회사 바른북스

편집진행 이지나
디자인 양헌경

등록 2019년 4월 3일 제2019-000040호
주소 서울시 성동구 연무장5길 9-16, 301호 (성수동2가, 블루스톤타워)
대표전화 070-7857-9719 | **경영지원** 02-3409-9719 | **팩스** 070-7610-9820

•바른북스는 여러분의 다양한 아이디어와 원고 투고를 설레는 마음으로 기다리고 있습니다.

이메일 barunbooks21@naver.com | **원고투고** barunbooks21@naver.com
홈페이지 www.barunbooks.com | **공식 블로그** blog.naver.com/barunbooks7
공식 포스트 post.naver.com/barunbooks7 | **페이스북** facebook.com/barunbooks7

ⓒ 최일권, 2024
ISBN 979-11-7263-871-9 03810

•파본이나 잘못된 책은 구입하신 곳에서 교환해드립니다.
•이 책은 저작권법에 따라 보호를 받는 저작물이므로 무단전재 및 복제를 금지하며,
이 책 내용의 전부 및 일부를 이용하려면 반드시 저작권자와 도서출판 바른북스의 서면동의를 받아야 합니다.